清官正气

——海瑞的为官之道

刘正刚 著

人民出版社

目　　录

前　言

海瑞作为中国历史上最著名的清官，其声誉没有其他任何一位清官能超越。一方面是因为其生前就因敢骂皇帝而闻名遐迩，另一方面则因为历史学家吴晗先生撰写的《海瑞罢官》戏剧遭批判而揭开动荡十年的“文化大革命”的序幕。

海瑞生活在明代嘉靖、隆庆至万历时期，距离今日已经400年以上。作为一个历史人物，能被不同年代的人们时时记忆，说明人们在他的身上确实寄托着什么，或者说，人们总希望能通过海瑞事迹或形象的不断形塑，从而能为社会提供更多的精神食粮。

海瑞生活在今人称之为“封建社会”的旧时代，但他身上许多闪光的东西已经远远超越了其生活的时代，比如他为官期间，廉洁奉公、刚正不阿，凡事亲力亲为，特立独行，不受官场污浊风气的影响，尽力保持一个“完人”的形象。

从为官的角度来看，海瑞从一个未入流的教谕做起，一步一个脚印，最终官至二品。用今天的话说，他从最基层的公务员做起，勤勤恳恳、任劳任怨，以一个对王朝和民众高度负责任的态度，也以一个公务员最起码的良知和品德要求自己的言行，认真做好每一件事。他在官场从不搞歪门邪道，也从不拉帮结派，从不巴结任何比自己官阶高的上级官员。一句话，他在每一个职级任期内，不仅善始善终地做好本职工作，而且力所能及地为百姓谋幸福。

海瑞一生忠介耿直，内心始终对贪官污吏充满着仇恨，视贪蠹如仇寇，主张用严刑峻法力惩污吏，悲愤是其一生的主旋律。道光时期的举人李元度在对比明代清官海瑞和清代清官陈瑸时说："清如冰霜足以杀物，清如雨露足以生物。"前者指海瑞，后者为陈瑸。这两人都是明清广东籍的知名大清官，海瑞生长于海南岛，而陈瑸则生活在与海南隔海相望的雷州半岛。

海瑞一生为官期间，始终将改善民众的生活放在首位，一切工作的出发点都是为了民众少受或不受贪官污吏的盘剥。他将廉洁放在工作的首位，宁愿自己受苦受累，也不愿意给民众带来任何国家规定之外的负担。因此，无论在何地做官，最后都能赢得民众的爱戴。

海瑞追求公正、公平、公开的重要思路，特别重视规章制度的建设。在南平县任教谕，制定了《教约》，在淳安和兴国任知县时则分别制定了《兴革条例》和《兴国八议》，在应天巡抚任上颁布了《督抚条约》等。这些规章制度的颁布，成为他约束自己和官员队伍的重要法宝。他自己带头遵守这些规章，也严格要求所有官员都要按章办事。除此之外，他还根据实际工作需要，不断向社会发布各种告示，将官府治理社会的理念公开化、透明化。在某种意义上，也是接受全社会的监督。

海瑞的正直形象，从他进入官场那一天开始，一直至今，都刻在中国人的记忆中。海瑞在官场从不拉帮结派，不搞山头主义。他一切按法律、按原则办事，不管是什么人，只要其所作所为不符合儒家正统的做人原则，他都敢于与之抗争，即使是最高统治者的皇帝，他也敢冒死劝谏，真正做到了为维护大明江山社稷，而全然不顾身家性命的地步。

因此，我们今天重读海瑞的故事，或许从中能够汲取不少有益的养分，对正在各级政府、事业或企业部门的官员，对即将要进入公务员行列的准官员们，应该更有助益。

廉政篇

“廉政”与“腐败”是一组意义完全相反的词语，也是时下全社会人人皆能耳熟能详的词语。其核心的内容就是指在国家各类公职机构的工作人员在履行其管理职能时，不以权谋私，办事公正廉洁。但这个词的历史十分悠久，据说早在春秋时期，齐国政治家晏婴与齐景公有一次对话，齐景公问晏子：“廉政而长久，其行何也?”晏子回答说：“其行水也。美哉水乎清清，其浊无雩途，其清无不洒除，是以长久也。”晏子的话告诉我们，水的美在于其清纯宁静，污浊的水会使道路变得很脏，清洁的水则可以洗去任何污染。所以做人、做事应该如行水般不受任何影响，即使与泥沙混杂，停下来慢慢沉淀后，水依然保持着本来的清澈纯净。只有这样，才能实现长治久安。应该说，我国历朝历代都很重视“廉政”建设，然而，事与愿违，与“廉政”对立的“腐败”却屡禁不止。所以自古以来，老百姓就期盼官员们能清正廉明，呼唤更多的清官出现。海瑞无疑是古代廉政官员队伍中的一位最杰出者。

一、严禁公款消费

明代行政建制实现的是“权力不下县”模式，县是官僚体系中由朝廷任命官员最低一级的地方政权，所谓“朝廷命官”，只到县级官员为止。县以下不再有正式的行政区划，但并不是说，县以下就没有基层机构的设置，明代的基层组织主要是里甲制和粮长制。据《明史·职官志》记载，县的最高行政长官就是知县一人，也叫县令，掌管一县的行政、司法、赋税等，事无不统，面面俱到，级别一般为正七品。地方县令对于老百姓来说，既是严父也是慈母，老百姓好比是年幼的孩子，所以古代社会形象地把州县官称为“父母官”。知县之下设有县丞一人,正八品,主簿一人,正九品,再往下就是各种不入流的属官。海瑞刚入官场时为南平县教谕,就没有品级,按照当时的话说,就是还没有入流。

海瑞在南平县教谕任内,因坚持不向视察的督学下跪,而获得了“笔架博士”的雅号,并迅速在福建官场流传开来,海瑞由此声名鹊起。海瑞在担任南平县学教谕四年多的生涯中,虽多次冒犯上司,但由于其为人正直,业绩斐然,把南平县学治理得井井有条,且为人和做官的品行有口皆碑,一时得到各级官员的认可,“巡按监司交章荐之”,幸运之神也不得不把手伸向海瑞,直言“顶撞”上司,非但没有阻隔他的仕途升迁,反因其个性的独特而受到吏部的重视。

海瑞终于在嘉靖三十七年(1558)春天,被升为浙江省严州府淳安县知县,此时的他已经46岁。是年五月,海瑞抵达淳安上任。虽然这只是一个小小的七品芝麻官,但对海瑞而言,意义非同小可,毕竟这是他走进具有品级官僚行列的第一步。这一点还意味着海瑞在南平县教谕任内的行政能力得到了官方的肯定,也说明了他的特立独行、与众不同的言行,给当时污浊的官场带来了一股清新的气息。

海瑞从南平教谕升任淳安知县,两县相距千里,中间崇山峻岭,道路曲折,海瑞是如何从南平抵达淳安县上任的呢?按照当时一般的官员上任的路数,海瑞应该走官道——驿道,因为驿道不仅顺畅,而且还有驿站接待。那么,从福建到达浙江的驿道情况如何呢?据明隆庆四年(1570)黄汴撰写的《一统路程图记》记载,大约有以下两条驿道可行:

一条从福建延平府经3个驿站辗转至武夷山,由此进入江西铅山的东盘驿,过江西玉山县的环玉驿,进入浙江衢州府江山县的草平驿,再由草平驿至建德的富春驿抵达严州府。另据今人杨正泰《明代驿站考》的说法,淳安在明代并没有设驿站,进入严州府只能走府道至淳安。从福建南平到浙江建德的富春驿,路程在千里以上。另一条走水路,从南平到严州府并没有直接的水路可行,当时江西"铅山河口至福州府水陆路"顺畅,这也是一条可以选择的路线,即从福建延平府越过武夷山,历经11个驿站或滩,再由武夷山辗转江西铅山河口,转入"江西省由广信府过玉山至浙江水路",由铅山河口经7个站至严州府,路程也在千里以上。晚明程春宇的《士商类要》记载,浙江与福建之间除了走官道驿站外,还有一条是"杭州由江山县至福建省路"的商道,商道沿线也历经驿站,不过中间有明显偏多的停歇站点,各点之间距离相对较近,且街铺较多。因为《士商类要》主要作为士商用书,估计海瑞走这条道可能性不大。可以说,海瑞最有可能走的就是黄汴所记载的驿道。

海瑞是在春季接到任命书,直到夏季才到达淳安县衙。民间传说他是徒步前往淳安上任。我们认为这一说法至少在时间上可以成立。因为根据《海瑞集》的相关记载，海瑞在沿途见闻了许多有关流民的事务，说明其上任的行走路线可能是多种形式并存，即既有驿道，也有水路，还有步行。

据淳安民间流传至今的说法：海瑞赴淳安上任，一不乘船，二不坐轿，只带着跟随自己多年的仆人海安，穿着十多年前的布衣，跋山涉水前往淳安。因路途遥远，山高路窄，行走不方便，海安在途中曾劝海瑞坐轿前行，海瑞说，既晓得行走艰难，还要去唤人抬着走，那抬轿的人不是更难走吗？海安又说，那就雇条船去吧，沿着新安江可直接到县城！海瑞也不赞成，认为一县之官，为民之父母，自己恨不得长对翅膀飞到淳安，坐船却是慢悠悠的。海安了解海瑞说一不二的脾气，只得背着包袱，在前引路，夜以继日，风雨兼程。后来海瑞脚上起泡，步履艰难，为了赶时间，海安只得雇了一头骡子驮着海瑞前进。海瑞徒步上任还有一个目的就是借此沿途了解民情和百姓疾苦，传说在淳安境内还真的遇上了一位勾结县丞、横行乡里的土豪冯剥皮，海瑞经过调查，当场拿出上任公文并惩办了冯剥皮。在今天淳安县著名的旅游区千岛湖龙山岛的海瑞祠壁画中就有一幅“徒步上任”画像。

嘉靖三十七年(1558)五月，已经卸任等待交接手续的原淳安知县洪英明每天面对着即将交接的印章、账簿册籍，心急如焚。因为按照通知，海瑞在春季就该到淳安了，现在夏季都过去一个月了，才得到海瑞抵达严州府的信息。五月的淳安县城，伴随着夏季的到来，绿树成荫，县衙内外张灯结彩，淳安百姓一看这个阵势，就知道新知县马上就要上任了。

明代中叶以后，官场流行一种不好的习惯，新官报到时，地方官府就会差遣衙门里的人员“前往旧任原籍”，或到其家，或在路途迎接，一路上鸣锣开道，彩旗飘飘，到达官邸又“盛设猪羊大席”，热闹非常。吃喝完毕，举行离任仪式，然后一帮人马又浩浩荡荡开赴新任地，负责接待的“礼房吏”，必须在前一天就准备好迎接的仪仗队，出城迎接。这种铺张浪费、讲究排场的仪式，海瑞认为既不符合国家规定的礼仪，又在百姓中造成很不好的印象。本来新官到任，士民都持观望态度，新官的这些做法会令百姓失望，也损害了自己在百姓中的威望。海瑞到淳安知县上任时，只差遣一个小吏到桐庐地方“投接批”，大约就是搞一个接待的书面形式而已，表示自己马上就要进入到了主管的地盘。即使这样，海瑞认为还是多此一举，“尚觉似多了此举”。

海瑞从严州府衙办理好了一切上任手续后，带着随从向淳安方向急速前进，终于在一个黑夜来临之前，抵达了淳安县城。洪英明在数月的等待中已经很焦急，他真的捉摸不透这位新任知县的怪异性格了，连上任的接待仪式也完全不按照流行的官场规则办事。第二天，海瑞带着随从出现在县衙里，洪英明目瞪口呆地看着身材瘦削的海瑞，简直不敢相信自己的眼睛，要不是海瑞拿出上任文书，他根本不敢把眼前一袭破衣的海瑞与新任知县联系在一起。

县丞和衙役们在茫然之外，更多的是在考虑以后的行事方式与前程问题！

洪英明怀着忐忑不安的心情，与海瑞举行了一个简单的交接仪式，据明人黄秉石的《海忠介公传》说：海瑞“初入署，罢去一切缛仪。其旧例有宴，第以祀神牲”。意思是，交接的仪式必须要搞，但不能繁缛，取消原来要举行宴会，把酒肉拿去祭祀神灵，“诣城隍庙，陈牲醴祭告”，行一跪三叩之礼，宣读祝辞。之后，再行一跪三叩首礼。最后，海瑞穿上官服拜印，行一跪三叩首礼。洪知县终于可以和淳安告别了。可以说，海瑞上任交接的形式并不符合当时官场流行的规则。按常理，新官上任即使不求轰轰烈烈，但也不至于悄然上任。海瑞高明的是虽悄然上任，但交接礼仪却不含糊。淳安县从官到民，对海瑞如何抵达县衙一无所知，是徒步还是乘船，人们只能猜测不已，也留给今人更多的想象空间。就在人们还在不断猜测时，海瑞已带着随从深入乡下开始调研工作了。

海瑞明白县令级别虽低，但责任十分重大，对此有清醒的认识，他说：

> 知县知一县之事，一民不安其生，一事不得其理，皆知县之责。

这里的“一民”、“一事”，明显是说全部、所有的意思。海瑞的执政理念很明确，就是让所有的人安居乐业，让所有的事是非分明。

而知县作为一个县的最高长官,为其全面施展这一理念提供了机会,他所有的执政理念都在淳安这块土地上得以展现,并为他以后进入更高级别的职位奠定了基础。

明中叶以后,随着商品经济的发展,社会上下竞相追逐利益,人们为了金钱,到处奔走竞逐。嘉靖以前,出身士人的做官者至少在表面上还讲究名节,做官回到乡里,人家问他赚多少钱,他就会很生气。然而,嘉靖以后,这一现象则发生了变化,做官等于做买卖,士人外出做官,往往计较能否赚钱,赚多还是赚少,到富裕的地方去做官,亲友就会设宴庆贺,若到贫穷地方去做官,大家就唉声叹气。

做官和发财连在一起,读书是为了做官,做官是为了发财。而做官一凭资格;一凭贿赂,即"送礼",送了礼可以升官。嘉靖时期,官场腐败滋生,朝中上下概莫能外,整个社会肌体的每一个细胞都被腐败侵蚀着。在商品经济发达的江南地区,物欲横流、腐败成风已经弥漫着整个社会,淳安的官场自然也不例外。海瑞到任后,首先是带着随从下去考察,目的是要"知一县之事",对淳安社会展开全面调查,嘉靖三十八年(1559),他在经过对淳安县一年的调研考察后,制定并颁布了《兴革条例》,成为日后他在淳安县所有工作的指南。

海瑞之所以把条例定名"兴革",其用意就是要大兴淳安社会新风尚,革除一切不合理、不合法的坏风气。所谓兴,起也,与

"衰"相背,有重振昔日辉煌的含义;革,兽皮去其毛,乃变革,即革除一切不合理的社会现象。《兴革条例》是海瑞为治理淳安社会痛下的一剂良药,也是海瑞对当时整个大明帝国基层社会所开出的诊断处方。

明代中叶以后,官场贪污腐败之风的盛行,与国家制度得不到贯彻落实紧密相关。当然,也与一些制度制定得不合理,从而导致王朝养廉制度难以持续实行有关。比如清代大学者赵翼在其名著《廿二史札记》中说,明代官员的薪俸是中国历朝中最低的。薪俸低,就会导致各级官员寻找各种借口,以增加口袋里的收入,其手段五花八门,百姓为此疲于奔命,民不聊生。明代官场的各种陋习在淳安官场几乎全有体现,可以说,一个都没有少,甚至还有变本加厉的倾向,由此而出现淳安县级财政入不敷出、捉襟见肘,官府只好把这些负担摊派转嫁到百姓头上。淳安县是往来皖浙赣三省的水陆交通枢纽,境内的新安江是当时出入境的重要通道。朝廷使臣、来往官僚过客,都要地方接待。过境官员本人及其随从所需的食物、马匹和船轿挑夫,全部由地方负责。

海瑞到达淳安之前,淳安官场最流行的一项恶习就是送礼,说得难听一点就是行贿。明代对官员实行考核制度,包括京察、外察两种形式。京察也称内计,考察对象为京官,分南察、北察两种,南察在南京举行,北察在京师北京举行,因而也最重要。外察又称外计、朝觐,考察对象为地方官,一般三年一次。京察和外察由吏部、都察院等主持。由于考核的结果关系到地方官员的仕途命运，所以每逢考核之年，也就成为地方官向京官送礼行贿的最佳机会，嘉靖时期，社会上流传的民谣说："今人谓朝觐年为京官收租之年，故外官至期，盛辇金帛以奉京官"。作为州县的地方官为了巴结讨好京官，往往都要馈送大量的财物，文献中记载的送黄米、白米若干担，实际上是当时官场对送黄金、白银的隐晦说法；后来又流行送书，其实书中夹带有黄金、银子，时人谓之为"书帕"。

关键是州县官向京城官员送礼的财物从何而来？海瑞一针见血地指出："县将何取，取之民"，就是说，都是以各种名目从民间征收的老百姓的血汗钱。每到朝觐之年，淳安县和其他县一样"县中公然有许多科派"，所有这些向百姓"百端科派"的费用，都是为地方官到北京打理关系的费用，"皆为京中用度设也。"地方官员赴京朝觐的旅费和礼金礼物也全部摊在百姓头上，官员之间"上下相率而为利，所苦者小民而已"。淳安县每三年因朝觐就向里甲摊派高达白银 240 两。淳安是个山区县，也是贫困县，财政本来就很紧张，但之前的地方官对这笔钱的花费，是绝对不会省下的，历任知县去京城出差都要花费数百两银子。海瑞痛心地指出："此举在京谓之礼，在外究之则为赃"，就是说，名义上这样做是礼节的需要，事实上就是行贿的赃物。

海瑞决心带头打破这种不合理的送礼陋规，在淳安县令任内两次上京朝觐都厉行节约，往返路费加上随从人员的饮食起居等所有费用,两次总共才花费了 70 多两银子。这在淳安县之前历任知县进京中绝对是破纪录的数字,也就是说,海瑞在路途中可能是自带干粮。到了京城,能不应酬就不应酬,要非吃不可,也是找个最便宜的小饭馆应付一下。在京期间,从来没有向任何可能参加考核的官员送礼。他就是要从自身做起,给下属带个好头,目的是为自己推行的“旧例悉行禁革”。

当时官场还盛行一种不成文的规矩,也就是今天所谓的潜规则,每逢节庆或上司有喜庆之事,作为知县的下属就会用公款或自掏腰包,向来当地考察的巡按御史、分巡道、分守道等官员及其下属的吏书们馈送银两。明朝在省级政区设提刑按察使司掌管刑狱,下设道,有分巡道、分守道之别,道设按察分司。中央监察机构都察院派遣监察御史巡察各地,称巡按御史,不常驻。海瑞在《均徭禀帖》中记载“上司派下馈送人情过厚”,这些“送人情”的银两也出自里甲,多则十二两,少则五六两,已形成了一种风气,“沿习成风,无一无之”。这些吏书整天想着为自己捞取好处,有时还会在私下相互攀比,“今之为吏者,每以得利为夸”。受到利益的驱动,吏书在工作中唯利是图,无恶不作,引起民众的强烈不满,“惟以得利为夸,故百端作弊,无所不至。时以狗吏呼之,贱之也”。吏书大约相当于今天领导的秘书,他们借着或打着领导的旗号,在地方巧取豪夺,而地方官吏为了巴结讨论他们,不仅听之任之,而且还推波助澜,使得官场弥漫着请客送礼的邪气,老百姓只能在背后用“狗吏”来称呼他们。

海瑞不畏强权,在淳安知县任内,大胆地将这些送礼请客的陋规全部革除,他在《兴革条例》中明确规定,严禁本县官员对来淳安考察的上司及其吏书送任何形式的红包。他的这一做法,不仅有可能影响他自己的前程,也可能影响到淳安其他官员的仕途升迁,而且直接斩断了上司及其吏书们额外收入的来源渠道。有人担心他这样做,会给自身制造麻烦,“祸出不测”。海瑞则坦然地说:如果真的因此而受到打击迫害,就是被充军,或无故受到打击迫害,即使被判处死罪,也心甘情愿地接受。为了百姓的利益,为了纯洁官场的风气,他带头抵制请客送礼之风,甚至表示自己和这些受贿者在一起,都会感到是一种羞耻。

海瑞通过调研分析认为,这些吏书收受贿赂的根源其实是仿效自己的顶头上司,当时官场内外,“缙绅之流开骗局以贿于人多矣”,做官的人为了窃取荣誉、地位,也纷纷“裹金以贿人”,并且还振振有词地辩解说:“要做官则不得不如此。”这种上行下效的不良习气,弥漫着整个官场,也逐渐渗透到民间社会的正常交往,以致民间社会流行“无贿则不可”、“有贿则可”的民谚。也就是说,只要舍得花钱贿赂,没有什么事摆不平。

海瑞到达淳安以后,始终恪守“不受礼,不行贿”的原则,他曾以幽默的口吻对衙役们说:“举天下而尽不为上官之贿也,吏部能尽不迁转之耶?举天下而又尽惟上官之贿也,吏部能尽不黜之耶?”意思是说,大家都不贿赂上司,吏部难道就永远不会升迁官员?大家即使都贿赂了上司,难道吏部就永远不罢在任官员的官吗?他痛斥官场贿赂之风大行其道,关键在于上,而不在于下,“缙绅之常例不去,而去吏书之常例,不可得也”。意思是,要革除吏书们的常例,就先要革除官员们的常例。海瑞通过明察暗访,坚决取消了淳安县每年给上司和吏书们送礼的陋习,再次凸显了他敢作敢为的勇气。海瑞为此在淳安还专门颁布了《禁约》,其中禁止民贿官的规定就有6条之多,要求衙役洁身自好,否则送礼者和“吏书、门皂等受人一同治罪,枷号二月”,其本意是想从源头上遏制官场馈送的陋习。

海瑞不但严禁官场中存在的送礼歪风,还禁止超规格的接待。淳安县当时支应过往官员和上司考察的费用以及支应本县各项接待的银两,摊派在百姓身上“从前每丁出银少则三两,多则四两”。他上任以后,由于严格按照《兴革条例》办事,每丁只征银二钱五分,全县每年大约征银900两上下。这些银子主要还是用在支应过往和上司的接待上。海瑞曾表示,如果上司怜悯百姓生活穷困,留意节省,其实,每丁征收二分五厘银子也都足够使用了。他对自己作为一县之最高长官,因不能严格执法削减接待领导的费用,还得在全县继续征收二钱五分银子,而不是征收二分五厘,感到自责,认为自己在很大程度上并没有尽到父母官的责任。但实际上,海瑞将原来的三四两降为二钱五分,对百姓而言,已经是天大的好事了。海瑞的自责只是对自己的高标准要求,他坚持每丁只征收二钱五分,绝不加收,将征收标准固定化、透明化。他在《兴革条例·兵属》对淳安招待"过往使客"的船只、口粮、伙食等标准也作了规定,如从淳安顺水而下接待一般官员的标准是:

> 鸡二双(银五分);肉二方(银四分五厘);鱼二尾(二分八厘);鸡子十五个(二分二厘);京果四色(五分);蔬菜四色(二分);油盐四色(一分);时菜一盘(五厘);蜡烛十枝(二分五厘);米五升(三分);柴四束(二分五厘)了;酒一樽(五分)。

对上述规定进行粗略统计,这些招待伙食费用在当时只需银子三钱六分,应该是一笔较小的数目。他特别强调,这些银子"如物贱减银,如物贵不增银",就是说,遇到物价便宜,就减除一些银子,但若遇到物价上涨,则最多只维持现在的限额标准。

不过,如果遇到六部尚书和都察院都御史、大理寺卿和通政司使等"大九卿"的中央级领导到淳安视察,接待的规定和档次自然也会升高,但海瑞还是作了明确规定,这就是在上述标准上加鹅一只(银八分)、火腿一只(银一钱二分),其余蔬菜类酌量加银子五六分,合计也就是六钱多一点而已。这就从制度上保证了县衙接待各级官员的标准,而且这些规定都会张榜公布,既可以便于社会的监督,也可以约束往来的官员,又可以避免负责接待的官员在接待中做手脚而中饱私囊。

海瑞于隆庆三年（1569）六月，升都察院右佥都御史，总督粮储、提督军务、巡抚应天，成为一方大员。但廉政一事，并未因其职位变化而有丝毫放松。相反，作为应天巡抚上任伊始，海瑞就根据以往在南平、淳安以及兴国等基层工作的经验，要想“除积弊于相安，复祖宗之成法”，无规矩不成方圆，于是经过一番调查研究而制定了《督抚条约》，颁发给所管辖的各府县，要求接到《条约》后，“各一体遵奉施行”，只有这样，才能使得“民困可苏”，否则“不可言治”。《督抚条约》共36款，这是一个除吏弊、振肃风纪的行政法规，规定严明细密具体，易为地方官操作施行。其中规定之一就包括接待过往官员要勤俭节约，一切从简。

江南地区的苏州、松江等府地处南北往来的要冲，府州县官员总是处在“迎送过客”的接待工作中，而无暇顾及老百姓的事务。所以，条约规定，自此以后，官吏不许到城外迎接来考察的长官，只在“城内近便街道迎送俱是”；遇到新任或离任的上司，举行一个简单的迎送仪式就可以了，迎送活动都要“从实登记”，便于以后检查。对路过本地的长官，不得接送，更不能送礼。强调要依法行政，各地驿递部门专门负责接待过往长官的车马人夫安排，要“知惜民财”，对所用银两要“斟酌损益”，所有的接待都要有明确的“长单”记录。如果过往长官“敢有凌虐，生端索取”，可报官处予以究治。凡不是公事而路过的长官，一律不得公费接待。不许给官署、长官及来往过客送礼行贿，若巡抚衙门妄自取用，那就是知法犯法，“有司鸣鼓攻之”。这个《条约》的施行，许多“贪墨吏望风解印绶去”。即贪官污吏辞职离去。

《督抚条约》还规定禁止假公济私，以权谋私。他说，仓库的钱粮属于国家所有，任何官员“非为公为民，决不支用”。更不允许用公物“充人情”来请客送礼。办私事只能用自己的俸金。若公私不分，假公济私，混行支用，以贪赃论处。他认为各级官员侵占里甲一分一文，“皆是赃犯”。提倡“俸米柴马之外，不妄取一分一文、不妄用一分一文”。

若干年之后，海瑞在给别人写的序言中还在强调为官不能以权谋私：“柴马俸禄外，以一毫充己用，以一毫市己私，不免即此一毫为亲民殃。门皂胥吏外，以一人充己役，以一人市己私，不免即此一人为部民害。仅一人一毫，已非居官之正、仁民之道矣。况日积一毫，积一毫成千百毫，积一人成千万人哉。”禁止儒学教官收取学生的任何礼物。禁止吏书收受贿赂，对不遵守纪律的吏书，实行财产搜查制，一旦查有接受贿赂的财物，授受双方都要接受“刑罪”处罚。巡抚接见里老了解民情，府县衙门不得干涉，以便里老畅所欲言。

他严禁官员公款吃喝，反对民间奢侈浮华之风，除了在《兴革条例》中有明确禁令外，还专门颁布了《禁馈送告示》，当时每当逢年过节，粮长、里长都会向县衙门各部门“送薪送菜”，海瑞尽管多次在各种场合表示要严格禁止，但却屡禁不止。原来他们对此事已经习惯成自然了,"盖沿袭旧日风,今日视为常事"。海瑞明白这些人送礼的礼品,事实上是出自于百姓,"与之官,取之民"。而这些送礼者的目的"意实有所希求",因为县衙门收了他们的东西,日后就不好意思和他们反目,他们就可借此机会,"多科钱粮,占人便宜",肆无忌惮地敲诈勒索百姓了。

海瑞为此规定,"今后凡有送薪送菜入县门者,以财嘱论罪"。明代国家大法《大明律》甚至规定,上司接受属下馈送土特产,受者杖责四十,送者杖责二十。海瑞据此规定,县衙的把门人即门卫要阻止一切送礼者进入县衙,否则要受到"重责枷号"的处罚。海瑞说,假如这些人真的有美意,不妨把这些礼物送给周围"邻里乡党"生活困难的人。海瑞的这些做法与当时日益浮华的社会风气显然背道而驰,他明知不可行而为之,恰恰说明了他的锐意革新的精神。

海瑞严禁官员请客送礼,其实是断了他们的额外收入,这样也许会影响官员办事的效率,或者他们根本就不认真办事。其实,明中叶以后,这些官员即使收受了财物,也不会认真办事,他们多视公务如儿戏,整天想着捞好处,"今时视做官为戏场事,口曰认真而心实不然。"这种口是心非的做法,必然会"妨民病国"。为此,海瑞在《督抚条约》中规定:"今后各官请以十分认真,行事九分之真,一分放假,不谓之真。"况且"假不胜真,终必为累"。他强调说,既然已经"奔走仕途"了,做事就不要"顾毁誉,计得丧,间杂私意",要"一心民务",并制定了官员考核操守的具体则例。

二、压缩办公经费

海瑞在工作中处处以百姓利益至上为原则，凡事以节约民力、财力为出发点，在《兴革条例》中规定衙门办事要尽量从简、节俭。他的节俭除了上述反对请客送礼外，小到衙门各部门的办公用纸，也有明确规定，即衙门用纸实行“先用后偿”的原则，大概是各衙门根据需要先预算出使用纸张的数量，然后到县衙主簿处领取补偿。各级衙门因工作需要而向上级撰写各类普通公文，时称“申文”，也可以“先出纸写成”，等交到县衙办公室签字画押时再给纸张补偿，“计用过纸一张则给与一张，用过四五张则给与四五张”。

从表面上来看,好像海瑞非常爱惜纸张,事实上正反映他反对浪费,主张节约财政支出的理念。

在《兴革条例》中,他甚至严格规定不同公文的用纸也应该有所不同,当时淳安市场流行的品牌——永丰纸,价格较高,因此规定:“永丰价高,惟上司紧关申文方用。”各部门的申文只可用廉价的“不必厚美”的古干纸。各单位每年使用的笔墨纸张都要先做好预算上报,平常不能随便使用,“笔墨大事,造册方给,时常不给”。从海瑞罗列的各种纸张价格来看,最贵的永丰纸 100 张的价格为两钱银子,上改纸则每 100 张一钱银子,其他如中改、古干、呈文、心红等品牌的纸张 100 张不过三分至八分银子而已。此外,墨水一斤需要银子一钱六分,笔 100 支的价格是银子二钱,装用文件的封筒 100 副的价格为银子二钱五分。应该说,价格这么便宜的纸张笔墨,海瑞花费这么大的心思作种种限定,看起来有点得不偿失。但海瑞的解释则是:“毫厘皆民脂膏,损之毫厘,莫不有益。”其实,他这样做的目的,无外乎就是在公务员中提倡节俭办公,从每一张纸抓起。

海瑞对办公节俭纸张的规定,不仅仅表现在规定使用纸张的价格费用方面,还提倡尽量减少下发公文,鼓励官吏多深入实地调研,不要动辄下发公文了事。他认为这样可以节省纸张,因为文件繁多,自然也就是“用纸甚多”。他说,如果不是确实需要,诸如册籍、文票等上级部门需要的报表类等文书,地方官府的文件能减少就减少。他还规定,淳安距离严州府衙门的路途并不远,所以一般上送的申文"只用单纸为封,不裱褙"。

海瑞针对当时官场文山的作风进行改革,以提高行政效率,"近日诸弊,不能尽革,大概在文移过繁"。他要求文件能用一句话表达清楚就用一句话,"当用片纸者用片纸",只要能"使事情不遗便是"。所有文件都由官员自己写好,然后交吏书誊抄。换句话说,海瑞即使到了巡抚大员的任上,也要求官员讲自己的话,不要动辄让吏书即秘书代劳,然后官员照着稿子念。因为一旦官员要自己动手写稿子,就必须要了解情况。

海瑞的节俭为民思想是一贯不变的,即使后来出任应天巡抚,官至地方大员,仍强调勤俭节约,他在颁布的《督抚条约》规定了纸张使用:"各官参见手本用价廉草纸,前后不著壳,后不留余纸。别事具手本亦然。凡册用稍坚可耐久而价廉纸,不许如前用高价厚纸。申文纸亦然。册用白纸表褙为壳,封筒用单纸,内先用一草纸护封防弊,不用表褙纸。凡文册俱指顶大字便览,防洗补。申文供招等项,不许重具书册。"

明代官员实行原籍回避制度,只能到异地他乡任职。一般新任官员上任往往多拖家带口,因此朝廷除了给新任官员配备必要的办公用品外,还会配备必需的家具用品,"士大夫以官为家,日用器具所不可缺",不过这些日用器具的置办是有规定的。海瑞在《兴革条例》就罗列了淳安置办县衙各部门办公"家伙"的规定。

所谓“家伙”大约包括桌椅板凳床脸盆乃至尿盆等一应俱有的家具。以知县置办的家伙为例,包括暖床、凉床、小床、案桌、交椅、日伞、小桌帏、花面架、净桶、坐桶、砚匣、桶盘、粗衣架、厨桌、执事架、脚火凳、中床、四柱床、床板、官桌、凉伞、雨伞、花衣架、浴桶、脚桶、方炉、茶架、折尺、粗面架、靴架、粗凳、轿凳、木鱼、火盆、铜杓、蒸笼、饭甑、水桶、斧头、茶匙、火箸、笤帚、刷帚、钵头、粪箕、锅盖、挽桶、锡器(盆、镟、夜壶、酒壶、茶壶、烛台、朱匣)、锅、竹椅、火锨、焙笼、水缸、床笆、木箸、厨刀、锅锵、扫帚、擂盆,木烛台、笊篱、淘米桶、瓷器(茶盅、酒盏、大白盘、白碟器、汤碗)等七十多种。这里既有办公用具,但更多的是家庭用具。

淳安民间流传的海瑞“赔火锨”的故事,就反映了他为官清廉,带头执行有关规定。话说,海瑞即将离任,将家里的床橱桌凳等用具清点造册,按件移交给县衙。在清点过程中发现少了一把火锨。据说,以前的县官在离任时,往往都将衙门内的家具能带走的全部带走,海瑞不仅一件不带,而且还要赔偿丢失的火锨。大家都劝海瑞不要赔了。海瑞却严肃地说:这些日用器具都是由老百姓出资购买的,根据规定在离任时必须移交官府,以便新来的官员接用,一把火锨虽值钱不多,但也是公物,必须秉公办理才对!他叫随从上街买来新火锨赔偿,并希望县衙以后对衙门里的所有公物都要登记造册,千万不要浪费民财!

按照当时官场的规矩,县衙各级官吏买办“家伙”均有一定的专项资金，其中知县银子 15 两，县丞、主簿、教官各 12 两，典史 9 两，用于各自置办“日用器具”，培养他们“以官为家”，实际上就是要求他们好好干，认真履行为人民服务的职责。浙江作为当时全国最富裕的省份，可能官吏的事务比较繁重，办公条件要求也较高，所以省里对朝廷的规定作了些微调整，所有官吏买办家伙的经费均作了上调，如县丞、主簿、教官各增加银子 2 两 1 钱 8 分 5 厘，典史也增加银子 3 两 4 钱 1 分 5 厘。这些银子名义上是国家拨款，实际上仍摊派到百姓身上，“旧例家伙尽出里甲买办，费银比额数加数倍”。

应该说，这些购买办公用品的钱属于专项资金，新官员上任时都会有这些资金的拨款，于是地方官吏往往“将去任官家伙改修造以应新官，新官家伙银两必至余剩”，这些剩余的专项资金就进入了官吏的私囊。据《兴革条例·家伙》记载，一般知县往往在规定的额数上还会想方设法多捞多占，“知县则家伙计价值已有四五十两之数，银十五两倍收入己囊橐”，等到离任时，又把剩余的银子和家具全部带走，带不走的则分给下人或留给朋友做人情。海瑞根据浙江省下发的《两浙政议》，规定各县衙对将离任官员的办公用品进行清点，可以整修翻新的加以修整，坏了不能用的则“照数添补，送新官收用”。而多余的专项资金则“另贮在官”，以避免专款的流失。

他在应天巡抚任上制定的《督抚条约》也规定禁止奢靡、厉行节约。各府州县接待长官不许在食宿方面讲排场，搞特殊化，不要专门装修住房，不许摆设新制物件，“本院按临各县，如该县原不曾经有抚按按临，止随原有公所，就中择其可者奉本院暂居，不许改修。其摆院、砚池、桌帏等件，亦止随便，不新制”。他还详细规定巡抚下乡考察时的伙食标准，“本院到处下程，止鸡、肉、鱼、小瓶酒等件，不用鹅及金酒。物价贵地方费银不过三钱，物价贱地方费银二钱，烛柴俱在内”。长官所到之处，地方官不许用鼓乐迎送，所在县驿俱不许铺毡结彩，也不许用华美物件，“本院凡巡历，所在县驿俱不许铺毡结彩，拜席等用，止用本地方所出稍软厚草席。百凡家伙一从朴素”。他认为接待长官讲排场是“剥民媚人”，是阿谀小人之举。地方官参见使用的“手本”，要用“价廉草纸”，手本前后不用封皮。其他公文也一律用廉价纸张，禁止在公文后留有空白页。当时，每个府都给巡抚以及上司配备专用座船一二只，有点类似于今天给领导干部配备的公用专车，海瑞认为这是在浪费“吾民脂膏”，下令禁革一半。为了确保官场正气和民间的淳朴风气，甚至禁止辖区内生产某些奢侈品，“凡属奢靡，法当严禁”。

简化办事程序，减少不必要的重复工作，以节省财政开支，事实上也就是减少了百姓的负担。他在淳安知县任内，精简衙门中的办公人员，“农民旧例上班”，现在全部放假回家务农，遇到有“差遣”的事情，再书面通知他们返回衙门。当时县衙各部门办公室一般是三个人值班,海瑞将其减少为一个人,其他二人也回家,“吏每房三人,亦似多了。今听其归。每房止有一人代理房事,呼唤有人到则止。”精简的目的,一是让这些人回家“归农归商,以图生业”,各安其所;二是提高在岗人员的办事效率,防止人浮于事,有人“挨得一日便计一日工而取其值”,还有人闲坐无事,“不免计较作弊,欺官害人”,还不如让他们回家干点正当的职业。此外,在《禁约》中规定,严禁雇用轮流守宿的火夫挑土、扛木石、锄草等事务,以便他们有更多时间从事农业,上述工作可以用皂隶、民壮和犯人等完成,以节约政府开支。

明代县衙各部门还承担相互之间检查比对类似工程进度、财务预算等书面文字工作,这在当时叫“比较”。这一工作对某些部门起到了监督作用,意义非同一般。但海瑞认为这中间有一些环节其实可以省略,“中有可损而不损者甚多”。当然,这一工作的背后还是涉及要养活一批人的问题,但上级既然规定要这么做,只能执行。不过,海瑞对此进行了改革,在《兴革条例·吏属》中将“比较各衙门”的工作分为单、双月、季终及年终比较四次进行,其中,“礼房”、“吏房”整年都不用进行比较,“兵房”、“刑房”也只有季终进行比较,而“承发房”则每月、每季都必须加以对比。这种分类对比的做法,除了应付上级规定外,另外一个目的就是节省纸张,如文中所述“一事双月已比,季终又比。无一样纸不可而必用永丰”。但如果“改双月为季终则省费一半;改连改用古干呈文,又省费一半”。

即便是衙门中的公文用纸，海瑞对不同的纸张也作出了相关规定，因纸有厚薄之分，海瑞认为，厚纸增加的粉更多，久存容易生虫，而薄的纸张则可以久存，所以“坚薄而价廉者当用之”。由此可见，海瑞为节省财政开支可谓用心良苦。他将“比较各衙门”的工作分为单双月进行，而且有固定的日期，这样可以保证“每月执簿稽查”，从而既没有违反上级机构要求做事的规定，又可以防止吏书隐匿作弊。

海瑞还改革了里长每天都要在县衙听差应卯的旧例，改为只要在每月初一、十五到县衙办公听差，其余时间回家干自己的农活，后来甚至规定，只有在官府有事的情况下，里长才到县衙听差。这样做的目的也是为了减轻民众负担，因为里长听差是需要报酬的，其来源自然也是民众缴纳。也正是这样，里长往往借口听差而剥削民众，搞得里长与百姓关系紧张。海瑞认为，里长之所以唯利是图，是由于他们承担的差役太繁多，是“上失其道”所造成的。

海瑞在淳安任内，正值倭寇骚扰沿海地区，经常有上级官员路过淳安去办理有关征剿倭寇事务，淳安县在迎来送往中接待任务十分繁重，县财政也愈益紧张，海瑞一方面恳请“上司加意节省”，以减轻百姓负担；另一方面强调“参谒迎送如法禁止”，反对地方官拿着百姓的血汗钱去奉承阿谀过往官员。

海瑞后来在多份报告中都谈到官民关系问题，以口大、口小作形象比喻，“乡官过客口大难犯，不可不厚；小民口小，口碑不得上闻，而不恤小民。”意思说，当官的人嘴巴大，一言九鼎，得罪了这帮人，不但会遭到他们的诽谤，而且也会影响仕途的升迁，所以不能不厚加款待；而老百姓口小，人微言轻，即使有怨言也传不到上级机关，所以就只能委屈百姓了。“百姓口小，有公议不能自致于上，过客口大，稍不如意则颠倒是非，谤言行焉。”就是说，欺负百姓无妨，上边听不见；得罪了过客却要招致诽谤。为了升官发财，不能不巴结“口大”集团，牺牲“口小”集团。关键的问题是讨好厚待高官过客并不用自己掏腰包，所有费用完全“取之百姓”。对地方衙门来讲，“不过一开口而已，不过一发牌而已”。

海瑞在应天巡抚期间，亲自拟定并颁布施行的《督抚条约》，也是本着利国利民而谨慎出台的，“以上利国，以下利民”。但文件制定和下发是一回事，是否得到贯彻执行又是另一回事。海瑞对文件的执行十分重视，他要求所有的文件自颁布以后，“文到之日”，立即生效，所有官吏务必遵守，“敢有一事一字不遵，一时一刻迟误者，本院决不轻贷”。当然，海瑞的个性也决定了他总是带头执行文件。

然而，任何文件的制定，都会受到时空的制约，所以海瑞会根据自己在工作中发现的问题，及时修改完善文件。在《督抚条约》下发不久，海瑞在对各府州县考察时即发现了不少难以执行的问题，于是他又颁发《续行条约册式》，对《督抚条约》进行补充，“因之前约开载未尽，随事有感，别为禁约有九”。内容仍是规定居官为民服务的思想。为了便于考核各地官员的工作业绩，海瑞还制定了类似于今天的标准化考核表，如《考语册式》分为操守、才识、兴利、除弊四个栏目，每个栏目中均有详细的指标，被考核官员根据表格内容逐项填写，以免官员在考核中敷衍塞责、空洞无物地自我鉴定。其他还有《钱粮册式》、《应付册式》、《官举等册式》以及《均徭册式》等，对钱粮解赴、接待来往官员、仕宦之家免粮以及钱粮正供外征收的均徭银两等，一一作了详细的规定，体现了海瑞造福民众的价值观。

海瑞制定并颁布的这些规约，首先就把自己置于这些规约监督之下，明确要求下属官员监督自己的所作所为，绝对没有高于这些规约之上的权利。海瑞订约总是先从自身开始，并总是以身作则为属下树立榜样。正因为这样，所以规约颁布后，官吏不敢不认真执行，老百姓也争相传颂。两个《条约》公布以后，整个官场和社会风气顿时发生了明显的变化，官员出巡不敢随便收受贿赂，地方权豪势家敛迹屏息。但是，海瑞所颁布条例，对贪官污吏和地主豪绅而言，无疑是当头一棒，因此这些人联合起来进行强烈抵制，并不断攻击海瑞。

与此同时，海瑞在《督抚条约》中对地方官员接待过往官员的苛刻规定，也将自己置于整个文官系统的对立面，“士大夫出其境率不得供顿，由是怨颇兴”。他们已经公开对海瑞降低驿站接待规格不满,“南都诸公谓陆路夫马短少”,并试图通过巡按、侍郎给海瑞施压,以恢复以往的接待水平。然而海瑞却坚持按《督抚条约》办事,指出条约既然已经颁布,就不能朝令夕改,“事行已定,恐不必再加也”。

海瑞这种丝毫不妥协的态度,自然会引起官僚权贵们的极大不满。明末人沈德符就在《万历野获编》中指责海瑞是“不识时务,好为不近人情之事”。朝中有一个叫舒化的官员也对海瑞在江南地区的做法,表示十分不满,认为海瑞过分强调节俭已不适合社会经济发展的形势要求,是不识大体的迂腐行为,有失巡抚的体统。尤其是内阁首辅徐阶自以为救过海瑞的命,而海瑞竟然对徐家没有任何通融之处,恼羞成怒的徐阶派了家人到朝廷找一些握有实权的官员,试图弹劾海瑞。

徐阶的愿望与朝中官员对海瑞的不满不谋而合,尽管舒化曾在隆庆皇帝面前说海瑞虽在嘉靖朝是“一代直臣”,但是在办事过程中“迂滞不谙事体”,认为海瑞已经不适宜在地方做拥有职权的官职,可以安排他做一个轻闲的虚职,但是隆庆皇帝并没有答应,反而对海瑞在应天巡抚任上的工作大加肯定,“得旨,海瑞节用爱人,勤政任怨,留抚地方如故”。然而,弹劾海瑞的行动并没有停止,徐阶派家人送书信给宦官冯保,并以千金贿赂管理官吏的吏科给事中嘉兴人戴凤翔,让他再次对海瑞进行参奏。据《明史·海瑞传》记载,戴凤翔参奏海瑞的罪责主要有“庇奸民,鱼肉缙绅,沽名乱政”。意思是说,海瑞在应天巡抚任内保护百姓,鼓励百姓告状,使得乡官缙绅之家受到重大损失,同时颁布各种规约既好出风头又不合时宜,扰乱了地方政治秩序。

与此同时,戴凤翔还指责海瑞生活作风有问题,海瑞在应天巡抚任内,其妻妾在一日之间相继死去,有人传说可能是被谋杀。戴凤翔的参奏果然收到了预期的效果,朝中官员确信海瑞是一个怪僻而不近人情的人,皇帝最终也招架不住朝野官员的联合行动,同意吏部根据各种参劾奏疏提出的意见,以“志大才疏”为由,将海瑞改任为督南京粮储。这一职务尽管没有降低海瑞的政治待遇,但实际上却架空了海瑞,使海瑞失去了实际的管理权力,成了一个闲官。

戴凤翔的上疏显然是受到了徐阶暗中指使的结果,后来戴凤翔还与徐阶家成了儿女亲家。戴和徐的联手本身就说明了江南地区乡官之间错综复杂的利益关系,正如海瑞自己在《被论自陈不职疏》中所说,嘉兴、湖州和苏州、松江等府接壤,“婚姻交际如一府一县之人”,正因为如此,他们才可能一拍即合。如此微妙的情形,可以看出明朝官场中的钩心斗角,一年前还没有人敢于非议这位朝中最正直的忠臣,一年之后海瑞却成了众矢之的,一年前吏部还因海瑞的抗议对他另眼相看,一年后却建议皇帝让他去担任不负实际责任的官职。

三、杜绝灰色收入

中国古代的统治者从儒家仁政的观念出发，讲究轻徭薄赋，总会在制度上制定一个很低的税额，而且往往低到不近情理地步。这么少的税当然应付不了庞大政府机关的运转，所以就必须从制度外去索取，这样就会出现腐败现象。其实，所有税收最终都归中央财政所有，不存在地方财政的观念。明代最主要的税收来自地丁钱粮（田赋是其中的主体部分）、盐课、茶税和关税。在这些赋税中，后三者都解归中央，各级地方政府有权动用的只有少量的地丁钱粮，而且大部分还是用于关乎中央政府利益的支出上。这样一来，真正能用于地方事务（包括官员们的薪俸）的所有经费就只占地丁钱粮总额的极少部分。因为王朝追求不切实际的“仁政”，整个明王朝都面临着财政的匮乏，又因整个税收的分配体系，地方政府面临着财政不敷支用问题又尤为严重。一个恪守制度的官员是不能让地方政府运转起来的，所以我们看到海瑞一再要求所有属员在写公文时必须用质量极差的纸，本来他的精力不应放在这些琐碎的事务上，而是地方财政实在少得可怜又不想法外索取，所以就必须在任何一个细小的环节上厉行节约。

明朝官吏工资之低空前绝后，当时的工资主要以实物发放，据《明史・食货志》记载，明洪武二十五年（1392）规定：“正一品月俸米八十七石，从一品至正三品，递减十三到三十五石，从三品二十六石，正四品二十四石，从四品二十一石，正五品十六石，从五品十四石，正六品十石，从六品八石，正七品至从九品递减五斗，至五石而止。”而且这一工资制度几乎终明一代没有大的改变，“自后为永制”，一直维持着低薪的水平，《明史・食货志》慨然说：“自古官俸之薄，未有如此者。”传统社会流行的观点是，读书人考试做官为的是行孔孟之道，并不只是为了一己私利，所以历朝官员的俸薪都不高，但从未有明朝这么低。按照明朝工薪制度的规定，正七品的知县每月俸米只有 7.5 石，若换成银两最多只有 10 两，这笔钱大概只够富商们吃一顿饭而已。

明朝官员的薪水低，导致官场贪污屡禁不止。明太祖朱元璋似乎也认识到了这一点,他采取的措施不是增加薪水,而是对贪污者实行更严厉的惩罚,他多次修订《大明律》,与前代刑罚相比,极为严酷,对贪污不分情节一律重刑,其治吏之严自古未有。他还亲自编定《大诰》,作为《大明律》的补充,不但恢复了族诛、枭首、断手、斩趾等已为前朝废除的酷刑,而且还制造了剥皮、抽肠、刷洗、锡蛇游等骇人听闻的酷刑。他还实行血腥而恐怖的政治统治手段,设立锦衣卫等特务机构。但贪污始终成为无法根除的痼疾,连朱元璋自己也哀叹:"朝治而暮犯,暮治而晨亦如之,尸未移而人为继踵,治愈重而犯愈多。"

地方官谋取贪污和私利的途径无非是在其所经手的公务中对百姓进行盘剥,具体表现就是在征缴赋役和执行地方琐碎事务时,从中牟利。因此,从表面上看,明朝官员的薪俸很低,实际上,他们在经办公务活动中往往能捞取不少额外收入,这已经成为明朝中后期官场中的潜规则。中央王朝只要地方官能按时完成上缴赋役的任务,也不愿去触动基层官吏的利益,采取了姑息默认的态度。明代赋役名目繁多,明中后期,赋税中的米麦丝绢多折成银两征收,徭役也由亲身服役而部分地转为以银代役,由政府用钱雇人服役。随着赋役折银上缴的普遍展开,确实给百姓带来了诸多便利,但也为官吏从中搜刮提供了方便,官吏们在征收赋役时不断衍生出各类新的名目来充实自己的口袋,这些名目由开始的不合理、不合法逐渐演变为大家心知肚明的潜规则,常例就是这么发展来的。

而这个“常例”就是我们今天所说的官员灰色收入。最典型的有淋尖踢斛和火耗两种。前者,也称“脚踢淋尖”,每当老百姓向官府交纳粮食时,官府用大斛做量器,百姓将粮食放进斛里,再称重,计算自己完成的粮食份额。谷堆要按尖堆型装起来,会有一部分超出斛壁,然后由官府中的仓斗员用脚踢上几脚。这样溢出来的谷物,按照官府的说法是为了弥补储存和运输过程中的损耗,不许纳粮人扫回去。其实,这些粮食之后都由官府留下,并按职务高低、亲疏关系等私分。久而久之,就成为官吏的合法收入。所谓“火耗”是指地方官向百姓征收赋税时,因百姓大多缴纳散碎银子,这些银子经熔化铸成大锭后才能上缴国库,而在熔化过程中就会产生损耗,称为“火耗”。百姓缴纳赋税时在额定赋税基础上需要多缴纳“火耗”部分,“火耗”为一些不良官吏的敲诈勒索创造了条件,征税时加征的“火耗”大于实际“火耗”,差额就归官员私用。

除在赋役上对老百姓进行盘剥外,县衙官吏在地方执行公务时,胥吏又无不在搜刮上极尽其所能事,涉及项目也是不少,如编造黄册、百姓诉讼都要收钱,甚至童生入学,房吏也要从中每人抽得三钱,初考时每人又要抽取三分。而所有这些都被认为是一种规矩,由隐蔽到逐渐堂而皇之地实行。而百姓并不知道这些被征敛上来的血汗大都流入官吏的腰包。

所谓“常例”是对明中后期各级官吏敲诈勒索下级官员和百姓的一种较文雅的叫法,即官吏们为了应付各种排场开销和交际应酬之需，想出各种名目向下摊派。除了有例可循的常例收入外，乱摊派、贪污受贿等收入也是无底洞，一些摊派最终也成了“常例”。嘉靖时期，额外收入更是登峰造极，海瑞到淳安接手政事时，对官员的常例收入才得以了解实情，在淳安县，关于县令、胥吏的额外收入的常例多如牛毛，他条分缕析列出大到县令、小到六房房吏的各项常例名目及其收入数量。我们仅以知县的每年常例收入来感受一下当时的境况：

> 夏绢银一百六十两（太府如数，受否在人）；夏样绢八匹（太府如数，受否在人）；秋粮长银二十两；农桑样绢四匹（太府如数，受否在人）；折色粮银四两；清军匠每里银一两；农桑绢银十两；审里甲丁田每里银一两；盐粮长银十两；直日里长初换天字下程一副外，白米一石或五斗，八十里皆然；审均徭每里银一两；造黄册每里银二两；经过盐每一百引银一钱，每年约有五万引（太府如数，受否在人）；住卖盐每一百引银一两，每年约有七千余引；催甲每里银一两；样漆一百斤（太府如数，受否在人）；俸米每石折银一两；柴薪（马丁家火）每一两收银二两；出外直日里长供应并店钱人情纱缎；起送农民罚纸二刀，纳银五钱（本府罚纸二刀，纳银八钱，吏拔缺罚纸四刀，纳银一两六钱，受否在人），收各项钱粮每一百两取五两。

可见，知县的常例收入多达20项，所得钱物数额远远高于其正常俸禄，成为县官额外收入的主要来源，这种约定成俗的收入成为县官的致富之源。

海瑞看着这些触目惊心的常例收入分配表，心如刀割，心想百姓填饱肚子都成问题，而官员常例收入一年下来至少也在数千两银子左右，是工资收入的数十倍。他认为，县令是搜刮民脂民膏的总导演，县丞、主簿、典史、教谕等都在搜刮中扮演着重要角色，因为县丞、主簿每年常例与县令相比，除上面所列折色银、清军匠银、审里甲丁田银、审均徭银四项没有之外，其余各项常例所得比县令减去一半。典史、教谕也对其所辖有所征取，也在常例范围，如典史对火夫每人收银一钱，教谕、训导对斋膳夫，每一两加收一两，即每名斋膳夫，教谕训导得银二两（前所列柴薪、火夫、斋膳夫等均指徭役项目）。

海瑞在《兴革条例》中对县衙各级官吏的所有常例进行了大胆革除，对县衙开支及灰色收入进行全面整顿，把所有“不合理收费”一刀切地砍掉，不光是自己的常例，包括县丞、主簿、典吏、教谕、衙役、门子等大小官吏的全部额外收入，一律革除。规定下级参谒上级不准送礼，不准向前来视察的上级官员馈送财物，更不准官员向百姓伸手索要钱财等。海瑞革除常例的规定，在淳安官场立刻就引发了震荡，因为这些官吏长期依赖常例养家糊口、招待官员，现在一下子没有了，他们所有的希望也成为泡影。

当时淳安一些官绅利用优免的权利逃避赋税和徭役负担，从而加重了百姓的负担，因为百姓必须分摊这些人逃避了的赋役。

而百姓对朝廷颁布的官员优免标准并不甚了解,对自己负担加重也不明了。海瑞为此将各级官员优免标准张榜公布,以便于百姓监督。根据朝廷的有关规定,海瑞还在《兴革条例·工属》中再次明确了各级官员的优惠标准:一品官可免粮30石,人丁30丁;二品免粮24石,人丁24丁……七品免粮10石,人丁10丁;八品免粮8石,人丁8丁;九品免粮6石,人丁6丁。京外官员减半执行。县府里的各级工作人员,也各有明确减免标准,如教官、监生、举人、生员各免粮2石,人丁2丁;杂职等各免粮1石,人丁1丁。以礼致仕者免其十分之七,犯赃革职者不在优免之例等。他这样做的用意很清楚,无非是杜绝各种官员的超标准享受,将标准公之于众,谁要从中搞鬼都不容易。

海瑞革除官场长期流行的"常例",事实上是他整顿吏治的最关键一环,革除常例可以斩断官吏伸向百姓的黑手,也可以督促官吏将心思转移到为民服务的轨道上来。所以他革除常例的陋习,重新规范官员的职责,要求官吏严格按章办事,做到各尽其责,提高工作效率,大幅压缩行政经费,减轻百姓的负担。一时间百姓称颂"海青天"之声不绝于耳。

海瑞进入官场后,始终恪守"不受礼,不行贿"的做人原则,干干净净为民做事。他在淳安县令任期内,廉洁自律,自食其力,从不占用公家的一丝一毫,生活十分简朴。他每月从官府领取的7.5石俸米用来养活一大家人自然有些紧张。为了让家人的生活过得更好，他让家里的仆人在官署后院的空地上开垦了一块荒地，种上禾麦、黄瓜、豆角等蔬菜，解决家人的吃饭问题，吃肉在海家几乎是不可能的事。据明代大思想家李贽撰写的《太子太保海忠介公传》说："官署中有隙地，课老仆树禾麦，艺蔬芥，旦夕取自赡，自江水外，无关淳安者。"意思是说，海瑞一家在淳安除了饮用水不得不用淳安的外，其余都是自力更生的。海瑞每天下班后，也会换上粗布衣服，扛上锄头和家人一起到地里干活。他本人一身的官服穿了多年，洗得连颜色也看不出来，而且还有不少的补丁，他也舍不得换。据说，嘉靖四十年(1561)冬季，海瑞去北京接受吏部考核，时吏部官员朱镇山看见海瑞穿着一件破旧的丝织服装，就建议海瑞置一身官服。海瑞接受了朱镇山的建议，"始易一黄石绢"为官服。朱镇山曾任福建学宪，时海瑞恰好在南平任教谕，一生多次关照海瑞。

按照明朝的薪水补贴规定，县令有柴草补贴费，但海瑞到了淳安后，把这一项给革除了，家里每天烧饭用的柴草，也是家里的仆人到山上打来。据民间传说，海瑞有一天发现老仆打来的山柴枝叶枯干，不像新砍的柴草，遂把老仆叫来问话。老仆只好如实说是街上有人想巴结他，替他打好送来。海瑞立刻叫他把送柴人找来，按照市场柴价付给了他钱。据说，当时淳安社会就流传着海瑞"爱民如子，视钱如仇"的民谣。

海瑞无论对工作还是对生活，从来都是以身作则，为下属做表率、模范。他公开声明,如果自己不为公、不为民,而滥支滥用政府仓库里的钱粮,各级官吏一旦发现可以鸣鼓攻之,自己决不自赦。他本着务实节俭的精神,即使对自己的办公场所以及办公用品,也从不铺张浪费,对这些物品的修理,他也亲自"加意考查",尽量做到物能尽其用,以免浪费,而增加百姓的经济负担。

然而,海瑞毕竟生活在一个送礼成风的时代,他在逢年过节之际,少不了也会送礼,但始终本着节约的意图,比如每年过年,他会向严州府送礼,但"止用鲜味米酒"而已,总共花费也就是六两银子而已,"少将奉上之敬,不用多品"。据说,海瑞离任淳安时,老百姓感念他对淳安社会发展的功绩,派一名老人为代表,赠送海瑞一副价值十文钱的小石磨,盛情难却,海瑞只得收下。第二天,海瑞坐船到县城水门外,拿出石磨无意摆弄,小磨里竟然流出许多玉米来。海瑞正在疑惑之际,被母亲发现了小石磨。母子商量后,将小石磨丢进水深的风潭,结果风潭处变成了一大片肥沃的土地,人们把这片位于县城水门外的土地叫作"风潭洲"。据说,不管旱涝如何,这片土地每年都能收获万担的好玉米。

海瑞颁布的《兴革条例》内容涉及很多方面,但他首重对官场的整顿,大刀阔斧向官场陋习开刀,树立官场新形象,而自己则始终起带头模范作用,以身作则,尽职尽责,明代人何乔远在《名山藏·臣林记》对海瑞在淳安知县任内的清廉形象有如下评价:

迁淳安知县,所以为县革去常例之无名者,俸薪外,不取丝粟。僮仆出县舍艾楚中林，吏胥公事毕，各还家，为农治生，从其本业。其治县精详，凌杂烦屑，无不明清。

这段史料的意思是说，海瑞除了领取国家规定的工资外，从来没有拿过淳安的一丝一粟，而且在他的感召下，衙门里的官吏也基本上能跟着海知县的路子走，这说明海瑞廉政为民的想法已初步实行。明代人何良俊在《四友斋丛说》卷十三中也说海瑞是“不怕死，不要钱”。

海瑞对自己行为准则作了相关规定的同时，在《兴革条例·吏属》和官员《参评》中，对各官员的职责也加以规范化，以期营造一个简捷、有效、和谐的政府运作机制，为各官员各尽其责提供参评准则。在县一级的官员中，除知县外，县丞一职对一县治理、机制运作起到至关重要的作用。所以，海瑞认为，县丞应该成为知县强有力的助手，既不可不尊重知县的意见而独断专行，亦不可袖手旁观或一味推诿。因为“是县丞之事，亦知县之事；知县之责，亦县丞之责也”，知县与县丞应是和谐相处、相辅相成共同承担一县之责。主簿主管一县户籍、财物，应该十分重视各种文件的清理和保存，对一县的经济收支情况做到公平、合理，绝对不能随意篡改账目，更不能做假账；典吏应做到实事求是办事，不得冤枉好人，不能以自己私利作为判断是非曲直的标准。

嘉靖时期的淳安，官员常借职权之便敛取钱财或不学无术，诸如老人利用驱鬼方式诈骗钱财；吏书唯利是图，隐上欺下，“百端作弊”;阴阳官打着为国为民祈福的幌子以饱私囊;医官本为救死扶伤,而现今却以“既死之心医未死之人”来对待病人,既不识药物标本,亦不懂人体组织经络以致故弄玄虚,以次充好等。凡此种种无不触动着海瑞的神经,于是明令加以禁止。海瑞对官员作出的职责标准,目的是想改变淳安官场固有的怠政欺民状况,激活官吏勤政爱民的理念。

海瑞在淳安县令任上颁布的《兴革条例》规定,所有衙门的陋规一概废除。所谓陋规,也就是灰色收入,一开始只要银两火耗和淋尖踢斛两种主要方法,但到了嘉靖时期,陋规不断推陈出新,已经形成了一个上瞒朝廷、下欺百姓、方法灵活、形式多样的体系。这个可能与明代官员工资很低有关,而且当了正德、嘉靖年间,官员不仅要靠工资养家糊口过日子,而且社会流行奢靡之风,官吏出门要坐轿子,还要人情往复的开支。这些开销仅仅靠工资,肯定维持不了,所以官员们要变着花样搞陋规。而海瑞规定所有朝廷俸禄之外的钱都不准收。海瑞说到做到,以身作则,自己和家人一起在房前屋后种菜,全家人过着苦行僧的生活。那些衙役自然也就不敢乱来了。

海瑞大约在万历十三年(1585)二月,接到朝廷下发的前往南京工作的任命通知书。手捧圣旨,百感交集,他已经意识到这是自己人生旅程的最后一站,他不愿意放弃最后一次施展其政治抱负的机会。他立即收拾行装,带着仆人于二月二十八日束装离家北上，二月三十日渡海，经过化州、电白，三月末到达广东北部的南雄，自己和随行人员都感染了“暑病”。经过江西赣州稍作休整，赣州巡抚贾春容专门给年事已高的海瑞配备一艘大船，海瑞称之为“船屋”。这种船“廓而且安，与家居无异。一家人郁热之苦忽尔如脱。且自湖口起，二日直抵南都，舟子以为风迅之极，数年来未有”。五月初四日晚上抵达南京上新河，由于长途跋涉的劳累，海瑞患了严重的“感冒，兼之两足发疮”，疼痛难忍，需暂时休整，“未能即便上任”。海瑞从琼州来到南京一无所有，连上任的官服也要人资助，“冒暑得病，兼诸色上任衣冠无有也，方急图制之”，可见其生活的节俭。直到五月十二日海瑞才正式进入官署办公。海瑞历经两个月行程抵达南京，途中也洁身自好，“夫马柴米系是自处”，始终保持着清廉形象。

四、阳光下的工程款

传统社会少不了涉及全社会的公共工程建设,这里就必然会涉及工程款项问题。海瑞作为地方官员,也免不了兴修或建设某些公共工程。那么海瑞是如何筹集工程款的?是等、靠、要?还是跑部钱进?还是另有来源?如何将预算的钱财用得清清白白,并能经得起官民的共同检查?我们在海瑞一生的为官履历中,发现了他在应天巡抚任内,曾主导修建过大型水利工程。

隆庆元年(1567)正月,嘉靖皇帝驾崩,隆庆皇帝接棒登基。在这之前,海瑞因上疏大骂嘉靖帝而被打入天牢。此时,隆庆帝登基，按照惯例，普天同庆，新皇帝下令大赦天下囚犯，海瑞也在大赦之列。出了狱的海瑞，尽管还没有恢复官职，应该还算是平民百姓，他全然不在乎这些，又立即两次上疏新皇帝，就大赦、言官等问题发表了自己的看法。

海瑞这种不怕死、敢于言事的刚直作风，很快就从宫廷传播到全国官场，而隆庆皇帝在未登基之前，对海瑞的工作经历和作风已经有所耳闻，他在接到海瑞的两次上疏后，也为海瑞忠心耿耿地替大明江山服务的热情所感动，海瑞升迁的机会终于来了。隆庆元年(1567)十一月，海瑞被晋升为南京通政司右通政，官衔为正四品，他将在海南调养的母亲及其家人一起接到南京团聚，目的是能使自己安心工作。

海瑞在南京通政司的位置上干了两年多，才发现这个职位很清闲，几乎没有任何实质性的政务需要处理，说得直白一点，这个职位其实就是养老。但海瑞不服老，他才五十多岁，他认为自己需要足够的空间来施展自己的政治抱负。他于是借助隆庆三年(1569)京察的机会，向朝廷的高层表达了对自己职位的不满情绪。所谓京察，至少从明代弘治十七年(1504)开始就已经实行对官员考核的制度化管理，按照规定，凡是四品以上的官员均要每六年接受京察一次，所有接受京察的官员都要作自我鉴定，然后由皇帝根据他们的业绩情况，决定其升迁去留。海瑞在这次京察中提交了名为《自陈不职疏》的自我鉴定中，称自己庸愚浅薄，难以胜任右通政一职，乞求皇帝让自己返乡赡养年老的母亲。

其实，海瑞心里明白，朝廷是不会答应自己请求的。他只是想通过此，来摆脱这种清闲的养老工作，从而使自己能接触实际工作，从事一点务实的工作。而海瑞踏入官场从不入流的教谕做起，因为刚正清廉，敢说敢干、不畏强权的他，一步一个脚印，早已是名满天下的大忠臣，皇帝自然也不会答应他辞官的要求。朝廷中负责官员升迁的吏部也明白皇帝的心思，不久，就将海瑞从南京调到北京，职务仍是提督誊黄通政司右通政。这一职位仅仅是过渡而已。在这一年的六月，经皇帝同意，海瑞被任命为钦差总理粮储、提督军务兼巡抚应天等处地方都察院右佥都御史。海瑞终于步入了地方大员的行列。

一般而言，明代的巡抚都为进士出身，海瑞出身举人，能升任此职，本身已经显示了朝廷对他的重视。明代洪武二十四年(1391)始设巡抚，宣德五年(1430)开始，各省常设巡抚官渐成制度。巡抚初设，仅为督理税粮，总理河道，抚治流民，整饬边关，后遂偏重军事。其初，内地巡抚由吏部会同户部推举，边地巡抚由吏部会同兵部推举；嘉靖十四年(1535)开始，不分内地、边地，由九卿廷推，也有总督兼巡抚者，合称为督抚。明代巡抚虽非地方正式军政长官，但因出抚地方，节制三司(承宣布政使司、提刑按察使司、都指挥使司)，实际掌握着地方军政大权。

1569 年 6 月，海瑞以钦差总理粮储、提督军务兼巡抚应天等处地方都察院右佥都御史的身份，离开北京向南方出发履新，前往目的地任职。这一次，他已经成为朝廷钦派的江南地区行政、军事、监察的全权代表。应天巡抚衙门设在苏州，管辖地区包括应天、苏州、常州、镇江、松江、徽州、太平、宁国、安庆、池州等十府及广德州，还兼理杭州、嘉兴、湖州三府的税粮，这是海瑞在地方任职中的最高职务，掌握一方实权。巡抚是朝廷派往地方总管一方的军政大员，根据所处的地域，又加上总理粮储或提督军务的头衔，又因涉及对地方官员的监察纠劾任务，故再加都御史、副都御史或佥都御史的官衔。应天十府是明代经济最发达地区，也是国家财政收入的重要来源地。于此可见皇帝对海瑞的重视与信任。

海瑞来到苏州，很快就在应天十府等地的官民中刮起了一股“海旋风”。海瑞不是进士出身，却被授予巡抚来治理应天地区，这在明代实属罕见。海瑞也深感责任重大，一路上就在心里盘算着如何才能把江南治理好，以报答皇恩，造福黎民百姓，也不愧对这顶巡抚的乌纱帽子。海瑞继续保持以往上任从不大张声势的格调，尽管官职高了，但仍保持着简朴的作风，带着随从趁天黑赶到苏州城，悄悄进入巡抚衙门。直到第二天，官吏们才知道新任巡抚已到了府衙，大家也知道海瑞的秉性，压根也没有想过要搞什么欢迎仪式，只是在巡抚衙门里象征性表示一下祝贺而已。海瑞乘机发表自己的就职演说，谈话言简意赅，无非就是要求各位官员同心协力，为国家尽忠职守，共同治理好江南。

其实，海瑞每一次上任的方式，都和明中叶流行的官场规则不一样。海瑞的工作作风带给官吏们一股无形的威慑。一些善于溜须拍马、阿谀奉承的官员估计到自己的末日就要来临，有些人自动离职或请求调任工作，也有些官员把出门乘坐的轿夫规格作了很大的调整，抬轿子的人数大大减少，以避免招惹不必要的麻烦。地方有钱的土豪们也把原本炫耀的朱漆大门改为和普通百姓一样的门面，尽最大的努力低调生活。这一方面说明海瑞的清廉刚正对地方官有震慑力，另一方面也暗示江南官场原先的不良风气，还反映江南地区一些土豪们过着豪奢的生活。因为这些人都已经了解到海瑞是一心向往普通百姓也能过上幸福的生活，不愿意看到社会贫富差距的急剧扩大。

应天所在的江南地区自五代以后就已经成为历代王朝的财富重心所在地，也是明王朝建立后征收财赋之最重要区域，号称全国最富庶的地方。但嘉靖以来，由于自然灾害不断，而地方官吏或明哲保身，无所作为；或贪污腐化，盘剥百姓，根本不关心地方农田水利等公共设施的建设，以致江南水乡的一些主要河道已渐渐淤塞，其中以松江地区最为严重。海瑞到任的隆庆三年（1569），正逢松江地区发生特大水灾，两条主干河流吴淞江、白茆河泛滥成灾，造成下游大量良田被洪水淹没，不仅使民众的生命财产受到严重损害，而且也因此制约了地方经济对发展。海瑞在整肃官场工作作风的同时，亲自深入灾区第一线调查研究，排查险情，得知这一地区之所以近年来不断发生水灾，是由于作为太湖泄水主干河道的吴淞江年久失修，河床淤塞抬高所致。

海瑞是一个政治实干家，一心为民，他将调查所得立即形成文字，向朝廷报告了整修吴淞江、白茆河的计划，即《开吴淞江疏》、《开白茆河疏》。

吴淞江属于黄浦江的支流，“三吴水利，此为第一”，位于今上海市西部和江苏省南部，又称苏州河，源出太湖瓜泾口，东流进入黄浦江而入海。太湖下游有三江排水，三江一般指东江、淞江和娄江。东江、娄江在明代只是一条入海小道，而吴淞江则是“尽泄太湖之水”，成为太湖泄水的正脉，然后“由黄浦入海”。自古以来，江浙一带兴修这些水利设施，都采取了疏浚入海的做法。明代仍沿袭之，不过到了嘉靖时期，由于当地的水利官员“旷职不修”，朝廷派下的多任抚按官员也不留心水利，致使河床泥沙“日有积累，日月继嗣，通道填淤”，如此日积月累，太湖的水就因河床抬高而流不出去，奔涌四溢，时常发生各种大小不等的洪涝灾害，其中嘉靖四十年(1561)和隆庆三年(1569)的水灾最为严重，淹没了松江地区大片的农田，兴修水利已经刻不容缓，诚如海瑞在《开吴淞江疏》中所说：“吴淞江一水，国计所需，民生攸赖，修之举之，不可一日缓也。”与此同时，地处常熟县的白茆河也因“水患不流泄”，导致三吴以北“均受其害”。为了排除洪涝，海瑞决定大力兴修水利，在疏浚吴淞、白茆二河之前，海瑞除了亲自踏勘丈验之外，还广泛阅读了古往今来有关江浙地区的水利文献,进行科学规划。他在奏折中多次运用《禹贡》关于太湖及泄水河道三江的论述,从中得到启发。海瑞的上疏,得到了朝廷的同意。

海瑞始终坚持以厉行节约为办事指南,从不铺张浪费。疏浚吴淞江、白茆河的河道,工程浩大,牵涉到不同地区,动用民夫数量也较为庞大。因此对疏浚河道的经费预算必须心中有数,海瑞亲自带领地方官员到工地,他在《处补练兵银疏》中说,在上海县考察时,看见"吴淞江淤为平地"长达八十多里,他寻求当地经验丰富的老农配合,对河道进行实地勘查,丈量淤塞的河道长约 1.4 万多丈,原来的江面开阔处达到 30 丈,现在决定在吴淞江的"故道"上动工挑浚开挖 15 丈阔的河面,整个工程预计花费资金 7.6 万多两银子。这么浩大的工程,又需要如此庞大的资金,该如何解决呢?

海瑞出任应天巡抚的这年夏秋,江南发生严重洪涝灾害。夏季雨水较多,入秋又阴雨连绵,冬至后尚有十分之五六的田地还被水淹没,不能播种小麦,即使能播种小麦的田地,生长也不好。因此江南灾区不仅"水荒缺秋收",冬季粮食严重短缺,而且来年春夏两季口粮也成问题。时值正月,市场粮价飞涨,江南灾民成千上万,在"饥民动以千百,告求赈济"的情况下,或者逃亡他乡,或者铤而走险。由于江南地区这次受灾面积广大,海瑞打算从附近地区调运粮食接济的计划也难以实现。海瑞果断地提出以工代赈的办法,既解决了兴修水利的资金问题,又达到了解决赈济饥民的生活问题,无疑是一举两得的好事。海瑞自己也说:“兴工之中,兼行赈济,一举两利”。海瑞在上《开白茆河疏》时指出,“青黄不接,饥民尚苦无处趁食,官发银米赈济,势之所必然也”。与其纯粹地救济灾民,还不如鼓励饥民挑挖河道,“按工给与银米”,根据饥民的出工量,发给赈济的米粮,从而在修理河道工作中,达到“兼行赈济”目的,使得“千万饥民”的温饱暂时得到解决。疏通河道不仅“有利于目前之饥民”,而且河道开通之后,又可以达到“有望今秋之成熟”的效果,其实这是一种双赢的策略,显示了海瑞为官的睿智。其实,以工代赈,可以起到标本兼治的目的。因为救灾只能疏一时之困,只能治标,而治水却可以根除水患,防止灾害再度发生,是治本。

海瑞以工代赈的办法很快就收到了预期的效果,使得吴淞江兴修的所有费用,“不取之民,不损之官”。而以工代赈的经费来源主要是巡抚衙门及所辖府县衙门的赃罚银两款、原有的仓储余粮、历年用于水利建设并未动用的款项以及富户捐施的钱粮,甚至还借助于当时地方的练兵银两。但由于工程浩大,参加兴修水利工程的饥民又太多,以致各方筹措的粮食不到一个月就不够用了,“计至二月间尽矣。”而当时江西、湖广等地尽管收成不错,但这些省却实行地方保护主义,不让粮食外运。所以海瑞在上《开吴淞江疏》中请求朝廷将苏州、松江、常州三府供应京师的漕粮 20 万石改折成白银上缴，而把米粮留在江南，同时还请求朝廷允许自己对应天等府州县仓库储存的粮食以及银两，可以调用支配，用于兴修河道建设的粮食，也可以平抑江南粮价，稳定社会。他在给户部领导写信时就说，今江南遭灾，米价日增一日，“逃流劫夺，势所不免”，因此将20万石米改折银子，可以“救江南千百万人之命”，不仅可以疏浚吴淞江，“亦不得已而弥乱也”。海瑞对整个工程建设胸有成竹以及救济方式的得当，充分调动了广大河工的热情，吴淞江的疏浚工程按照原计划顺利地完成了。

海瑞在吴淞江疏浚工程行将结束之前，隆庆四年(1570)正月二十七日又到常熟考察灾民以及水患情况，听取了地方乡村父老的反映，境内的白茆河也时常阻滞而产生水灾，另外常熟离吴淞江有四日的里程，“饥民之能赴工于吴淞者，十之一二而已。”海瑞当即决定对太湖入海的一个重要通道白茆河整理疏浚。白茆河位于今江苏常熟东北，长洲、无锡以下的水都经过白茆河而入海。海瑞再次“亲行相视丈验”，即亲自踏勘，亲自丈量，发现白茆河最宽阔地方不过四丈，水深不足四尺，狭窄地方不到二丈，水深不及三尺，“果然浅狭”。因此，“若止开吴淞而不开挑白茆”，难免还是会水患不断。经过预算，开挖白茆河需要人工164.9万多工时，需要经费4.1万多两银子。吴淞江从正月初三日开始疏浚，初八日以后，饥民云集，二月二十日后渐渐收工，二十九日告成，整个工程实际用了“工食银”6.8万多两，比原计划的7.6万两少。白茆河的开挖“一照吴淞江例”，于二月初九日开始动工，三月初三已经完成了百分之六十以上。灾民热情高，工程进展快，不到一个月亦告竣工。而且在疏浚两条大江大河时，还把附近“凡可通流入吴淞江去处”的小河流，逐一进行疏浚。不仅如此，海瑞还在奏疏中，要求皇帝加强对水利官员的管理，让水利官员真正能一心管理水利，千万不要出现像应天府的水利官员那样，因为分管别事，以致“问之水利，茫然无知”的现象。海瑞请求皇帝下令给各地的水利官员，“凡河道圩岸塘浦等处，着令时加修理”，只有这样，才能“旱涝有备，年谷丰登”，才会民富国强。

江浙地区自唐宋以来一直是朝廷的重要粮食产区，宋代以来形成的“苏湖熟，天下足”民谚，就是一个极好的写照。而苏湖能否获取粮食丰收，又与吴淞江的水利密切相关，正如海瑞所说的“吴淞江水道，国计所关”。之所以这样说，是因为杭、嘉、湖、苏、松、常等六个府都使用太湖水灌溉庄稼，可是吴淞江又是太湖泄水的主要干道，因此，吴淞江水道顺畅，“则六府均蒙其利”，一旦吴淞江淤塞，“则六府同受其害”，所以，海瑞还请求让六府饥民皆可“上工就食”，达到借饥民之力而使吴淞江“故道可通”，饥民可以“借银米之需而荒歉有济”。这是一件造福地方社会的大好事。海瑞对吴淞江、白茆河的治理，为消除当时江浙一带的水患起到了积极作用，老百姓得到了真正的好处，就连反对海瑞的江南地方大族何良俊在《四友斋从说》中也不得不承认，海瑞任应天巡抚，“一力开吴淞江”,解决了困扰地方百姓的一件大事。在随后的两年尽管又发生大水,但是并没有造成水灾,海瑞疏浚吴淞江的功劳立竿见影,“非海公肯担当,安能了此一大事哉!”甚至有官员认为海瑞疏浚江河工程是造福江南人民的“万世功”。何良俊还将海瑞疏浚吴淞江等河道的开销,与前后加以对比,得出结论是“海公清白”,不妄用国家和百姓的一文钱。

正直篇

我国史籍很早以前就出现了“正直”一词。《尚书·洪范》说：“无反无侧，王道正直。”这里的“正直”是指没有反复，不偏不邪，公正无私，坦诚刚直。西汉时韩婴在其《韩诗外传》卷七中说：“正直者顺道而行，顺理而言，公平无私，不为安肆志，不为危激行。”正直的人，顺着道德而行动，顺着道理而说话，公平无私，不因为太平安定而放纵自己的意志，不因为危险祸害而改变自己的行为。简单地讲，就是公正、正派、正气，不畏权势，敢作敢为，能坚持正道，勇于担当责任。正直意味着有勇气坚持自己的信念，义无反顾地坚持你认为是正确的东西，公开反对自己坚信是错误的东西，为全社会树立向上的正能量形象。

可以说，海瑞几乎就是“正直”一词的化身。

一、垂范养“士”气

明代人做官的途径，除了父辈们对王朝国家建立过丰功伟业，子孙因此可获得庇荫而成为“官二代”，其他人要想做官，只有科举考试一条路。海瑞自然也不例外。

海瑞家族在海南定居的历史，开始于明太祖时期。朱元璋统一中国后，将广东单独设省，海南岛隶属于广东省辖的一个府。明太祖洪武十六年（1383）决定在海南设立卫所，即军事驻防，从内地调拨军人赴海南。此时住在番禺的一个叫海答尔的人奉命漂洋过海到达海南，成为海瑞家族在海南的始迁祖。换句话说，海瑞的祖先为军人。但从海瑞的曾祖父海福开始,海家就开始转向以文为主的科举考试。据说,海瑞的曾祖父和祖父,都曾考中举人,而且也都担任过知县一类的官员。海瑞的父亲海瀚也是秀才出身,“读书能明大义”。海瑞曾在自撰的《规士文》中表白自己“家亦士族”。从此可以看出,海瑞的身上流淌着武人刚强的血统,又继承了父辈们科举入官的梦想,从小就立志读圣贤书,参加科举考试,以求建功立业。

然而,海瑞的童年很不幸。父亲活着的时候,全家生活就不好,史书用“安贫乐道”描述,其实就是说家庭经济差。物质生活匮乏一点也没有关系,只有一家人其乐融融就好。可是,屋漏偏遭连阴雨,在海瑞四岁时,他的父亲因病故去。家里就剩下海瑞和母亲谢氏相依为命。就是说,海瑞从小就在单亲家庭中成长。偏偏母亲又是一个女强人,所以海瑞的童年过得非常惨,几乎没有享受过少年儿童应拥有的童真与乐趣。用今天的话说,海瑞的母亲可以称为“虎妈”,这个不幸的年轻寡妇和年幼的儿子过着清贫苦闷的生活。但她心气高傲,性格刚毅,坚持不懈,一心扑在对海瑞的教育上,终于打造了明代最知名的清官符号。

海瑞的价值观和世界观形成的标志是在家乡读书时撰写的《严师教戒》,又名《自警词》,强调人活着应当以圣人为楷模,以圣人教导检查自己的言行,时刻想着上报朝廷恩德,下替百姓分忧。读书人要立大志,不要为追逐功名利禄而丧失做人的“浩然正气”。做官是为了国家的富强和人民的幸福，除此之外的任何追求都不是一个官员的价值取向。海瑞立志以天下为己任，以圣人为师，做一个顶天立地的大丈夫，决不去追逐功名利禄。他在日后的政治生涯中，以《自警词》为座右铭，处处以天下国家为己任，敢于言人之不敢言，行人之不敢为，不怕挫折，不怕牺牲。

海瑞的母亲在丈夫去世后，对幼小的海瑞严加管教，目的很明确，就是希望通过小海瑞来实现自己出人头地的愿望。海瑞母亲识字，至少能读懂当时流行的四书五经一类的书，据海瑞在《与琼乡诸先生书》中回忆说:他爸爸不擅长赚钱养家糊口，一家三口人的吃饭穿衣，全靠母亲一人才得以勉强支撑。海瑞在父亲去世后，母亲亲自向他口授《孝经》、《大学》、《中庸》等儿童启蒙读物。母亲的要求很严格，剥夺了海瑞作为儿童应享有的各种权利，只要发现他和别的小朋友玩耍戏谑，母亲就会对他严加呵责，“有戏谑，必严词正色诲之”，所以海瑞从小就被母亲限定在一心只读圣贤书的笼子中，对人情世故大约也都是以书本上所说的为准，为人处世总是一本正经，没有实际的生活经验，这一点从他后来在为官中屡屡与人发生冲突，也可略窥一斑。

随着海瑞渐渐长大，谢氏到处为他寻访良师，“托之严明之师，以琢以磨”。海瑞虚岁 14 岁时，进入琼山县一所私塾读书，并立志“学做圣贤”。他曾说，人的一生要时刻向儒家圣贤看齐，为天下苍生造福，这样才能成为圣贤。28 岁时考入琼山官办学校读书，自号“刚峰”，世间也因此称他为“刚峰先生”。海瑞的一生，人如其号，处处表现刚性有余，柔性不足。做教谕狷介自守，做县令不畏上官，做户部主事敢骂皇帝，做巡抚御史敢摧折权贵，永远都呈现“鹤立鸡群”的形象。

海瑞性格的成型，可能与刚烈而又长寿的“狼妈”有关，他自幼到老一直对母亲怀着敬畏与孝顺的心态，后来在南平、淳安、兴国和苏州等地为官时，一直把母亲带在身边加以照顾。这位“狼妈”几乎没有离开过海瑞半步，所以海瑞在工作之余，几乎没有自己的任何爱好与娱乐。在母亲无形的阴影笼罩下，海瑞赢得了孝子的美名，但同时也染上了自闭洁癖，与他人难以相处，甚至与自己的妻妾也没有任何情趣。海瑞第一任妻子为海南许氏，勤劳肯干，也守妇道，就因连生两个女儿，处处受到海瑞母亲的刁难，最后被迫与海瑞离婚。海瑞离婚后，母亲立即四处张罗，托媒为海瑞重新择配，不久，就在家乡找到了一个潘姓女子。海瑞和潘氏还未来得及相互了解，就在母亲的操持下“闪婚”，婚后不到一个月，海瑞母亲和潘氏的关系再度紧张，潘氏还未来得及为海瑞生育一儿半女，又与海瑞离婚。海瑞的母亲盼孙心切，执着于早早抱上孙子的念头，又托人四处张罗，相中了琼山王氏，不久海瑞和王氏结婚，王氏终于在海瑞 44 岁时，为海家生育了一个儿子，时任淳安知县的海瑞给长子取名“中砥”，表现了他对孩子的期望。后来王氏又为海家生育一儿一女。再后来，王氏在南京突然暴毙。海瑞的不幸婚姻和母亲有莫大关系。海瑞在母亲的铁腕之下,几乎没有个人的空间。

借用今天的话说,海瑞的童年在不幸的家庭中成长,而母亲的严加管教,更使海瑞成了一位只知读书求做圣贤,而不懂得实际交流的书呆子。因为明代发展到海瑞出生和成长的正德、嘉靖年间,世风日下,道德滑坡严重。此时随着商品经济的发展,极大地激发了人们追逐利益的欲望,拜金逐利已成为当时普遍流行的社会风气,社会各阶层都程度不同地出现了"锱铢共竞"的风气,由此造成贪欲横行,奢侈成风,官风败坏,贿赂公行,钱在人们的观念中成了崇拜的对象,明代朱载堉作《山坡羊·钱是好汉》说:"世间人睁眼观见,论英雄钱是好汉。有了他诸般称意,没了他寸步也难。拐子有钱,走歪步合款,哑巴有钱,打手势好看,如今人敬的是有钱。"人际关系也以钱为标准,即使贵为缙绅,无钱也会受人冷落,以致有"满路尊商贾,穷愁独缙绅"的说法。

然而,面对着社会发展的急剧转型,与母亲相依为命的海瑞,因为家境的原因,不可能被社会发展商业化的浪潮裹挟太多,他一门心思全用在读书考试上,生活就在学堂和家庭之间进行,母亲谢氏专心于女红与耕作,务求使年少的海瑞能吃饱穿暖,母子两人与社会打交道均比较少,所以海瑞对外面世界的了解存在一定局限性。直到嘉靖二十八年(1549)37 岁,才在广州参加的乡试中考取举人。

按照明代科举考试的规定，接下来，海瑞将要从海南赴北京参加每三年一次的会试。全国各地举人云集京师，参加由礼部举行的会试考试，考中者即进入进士行列，可以立即封官晋爵。海瑞在中举后的次年就赶赴北京参加会试，但很不幸却未考中。又过了三年即嘉靖三十二年(1553)，已结过了不惑之年的海瑞再度赴京参加科举会试，结果仍以落选告终。

此时，海瑞母亲谢氏已经是65岁的老人了。41岁的海瑞再也不忍心看着年老的母亲操持家计，他决定放弃继续参加考取进士的科举考试。按照明朝科举考试的有关制度规定，中了举人之后，就可以被任命为不入流的官职，如果运气好的话，能够有人举荐，也可以被任命为知县。对海瑞来说，只要有一份稳定的工作，就可以解决母亲的生计负担。至于入不入流，他并不在乎。他更关心的是能否在一个岗位上施展才能，实现抱负。

海瑞进入社会的第一份工作，也就在嘉靖三十二年闰三月正式落锤定音。他被分配到福建省延平府南平县，职务是担任县学教谕。年底，海瑞终于到达南平县，正式走马上任。

应该说，教谕这个官职在当时人的眼中并不好，属于清水衙门。但海瑞出身举人，又没有关系，能弄到这个官差，也是合情合理的。

明代各县都设有县学，设教谕一人，训导三人。教谕掌教诲，所属由生员训导佐之。生员因供给廪膳，称廪膳生。后来数额扩充,又有增广生、附学生的编制。廪膳生在二十人左右,增广生的数目与廪膳生相同,附学生数额不定。初入学的都是附学生,考试合格后升为增广、廪膳生。

洪武初年规定,生员专治一经,以礼、乐、射、御、书、数设科分教。月考由教官主持,岁考、科考由各省提学主持。岁考成绩分为六等:一、二等的可升补增、廪生或参加乡试,即科考;三等为平常;四等的要受责处;五等的廪、增生递降一等,附生降为青衣;六等的黜革。廪膳生在学久者可升入国学,但由于机会太少,生员多趋向科举。政府对地方生员的管束很严,洪武十五年(1382)向天下学校颁布禁例,镌勒卧碑,置于明伦堂左,永为遵守。禁例中对生员的行为举止、学习内容都有具体规定,不遵守的以违制论。明英宗时还申明生员黜罚办法,凡学习多年而无成效的罚为吏,或追回廪米,黜为平民。社学属民间初级学校,创始于洪武年间,设在乡镇,专收民间子弟,课程为四书之类,兼读《大诰》及本朝律令。教师聘地方儒生充任,生徒中的才俊者有补儒学生员的资格。

其实,制度规定是一回事,执行起来又是另一回事。南平县学在海瑞到来之前,生员们就相当涣散,几乎没有按照制度办事。学生想来就来,想走就走。但海瑞来到县学之后,经过了解,决定改变这种自由散漫、不按照规章办事的陋习。

南平县是福建北部延平府属的一个大县,县学建造于洪武初年,嘉靖初年又进行过一次扩建和修缮。明代福建北部的造纸和印刷业相当发达,明中叶商业的发展,一些商人为了牟取暴利,就把眼光瞄准了县学的生员们。他们到处搜罗已经考中了举人和进士们的答卷,精心挑选其中的一部分,印刷后向生员们发卖。而一些不求真才实学,只希图侥幸考中的生员,买了这些成功人士的答卷后,整天死记硬背,并模仿此类八股文。如果说这些人还算肯下苦功夫的话,那么还有"富二代"、"官二代"的子弟,则倚恃家人的权势,根本就不读书,仅在开学时报到注册,然后四处游逛,胡作非为,严重败坏了县学风纪。

海瑞到达南平县上任后,立即对县学校园和教学环境进行考察,这也成为海瑞以后每到一个新的工作岗位,总是将调查研究作为了解情况的开端。海瑞向随行的训导询问县学的发展情况、生员的学业以及学校的学风等问题,训导如实相告,县学因受社会逐金拜利风气的影响,学风每况愈下。训导的回答使海瑞感触很深,毕竟自己在海南时已发现一些生员并不是苦心读书,而是整天琢磨如何巴结上司,如何请客送礼,如何打通关节,托人情走门路,企图以此作为改变身份的捷径。

海瑞在对南平县学考察后,又结合自身在海南学习期间所见所闻,对明中叶士风因世风的颓废而下滑,感触尤深,得出了"嘉靖不如正德,正德不如弘治,弘治又不如成化"的结论,意思是从成化之后,士风一代不如一代,又以嘉靖朝为最,当时士人追逐权势,贪图享乐,为官"多是脱不去一味功名富贵之习。现在富贵,更求富贵之上，现做二品官，便为一品官受用。现做三品官，便为二品官受用，人欲无穷”。因为总是想着官位与势利享乐，所以这些士人一旦做官就想方设法鱼肉百姓。

海瑞耳闻目睹了士风日下的现状，所以他要通过自己的努力，来尽力扭转这种风气，把学校真正办成培养圣贤人才的洁净之地，从而为国家培养真正的栋梁之材。

海瑞在调查研究的基础上，又和县学的训导们多次沟通，大家一致认为，要想改变县学生员的不良习气，重新树立生员积极向上、向善的心态，就必须要制定一系列的规章制度。海瑞亲自撰写了南平教育发展史上第一份地方性法规《南平教约》。

为了保证法规出台后顺利实施，他先将《教约》内容在全校张贴，广开言路，发动生员能主动就学校的革弊兴善畅所欲言，“本职初至学中，某善可兴，某弊可革，尚未尽识，容与诸生会议”。海瑞这样做的目的很明确，一是反对由学校管理层闭门拍脑袋制定今后无法执行的条规；二是将条规公开征求与之密切相关的生员们的意见，也就有点我们今天所说的先民主后集中的意思；三是在讨论与征求意见中既可以不断完善内容，又可以起到宣传效果。如此，公开的“会议”之后，一旦颁布施行，就绝对不允许打折扣。

《教约》把道德品质教育放在首位，希望通过德育来培养生员立志圣贤的价值观，培养生员明辨是非的能力，以免生员不分青红皂白地随波逐流，丧失一个士人应有的本色。《教约》第一条就要求生员懂得善恶之分,凡事都要从点滴的善事做起,但决不能做坏事,“勿以恶小而为之”。他举例说,南平县学长期存在着生员们虚报年龄、造假户籍、冒名顶替等弊病,出现这些问题正是社会不良风气对生员们心灵腐蚀与扭曲的结果,这些“通弊”不仅没有引起世人的警觉,反而被生员和社会误认为是通行的潜规则。学校的生员从小就沾染上这种不良风气,生员的心灵已经“陷于不诚不一之地矣,更学何事!”就是说,学校如果对社会不良习气侵蚀生员而放任不管,那就难以培养生员们成为有社会正义感的人。

海瑞十分重视德育教育,要求生员们潜心于进德修业,不要一听到人家表扬就沾沾自喜,更不要以所谓的“义气人”自居,整天想着和衙门里的官吏打交道,“把持官长”,想着法子攻击他人,“攻讦他人长短,逞凶图利之行”,这样既会引起社会的不满,也会极大地损害读书人的“德行文章”。他要求生员们以“孟子养浩然之气,平日以不见诸侯自守”。在《教约》的第二条就严格规定,今后生员凡涉及讦告等事,不先向学校报告情况,而私自到官府衙门申说,即使官府答应处理问题,学校也要给予这个生员一定的处罚。

海瑞在《教约》中明确主张生员要学以致用,生员在学校里学的知识,必须在走出校园后能在社会上很好地发挥作用。正因为如此,生员在学校期间接受教育必须表里如一,教师在课堂教学中务必把道德教育融入到日常的教学内容中。海瑞要求生员作文坚持以我手写我心，不要靠平时背诵记忆的范文东拼西凑，“改窜首尾”，《教约》指出：“讲章墨卷，最不值得效法，百部一腔，千人一面”，这样写文章是一种典型的抄袭行为，根本看不出作者的文理和思想，而且污染了生员的人品，“就文求题则题意不可得，求人则人品不可知”。作文应能流露出作者的真实思想感情，这样培养出来的生员才能在“异日为天下用”。《教约》规定生员“日后仍踵前弊，不流之胸中而取之他人者，纵极词华，亦加扑戒”。海瑞教导生员们，读圣贤书最重要的是细心体会其中的道理，用来陶冶自己的道德修养。写文章正是这种道德修养、思想感情的真实流露。这一点与海瑞自始至终追求求真务实工作作风一致。

为了让学生掌握真才实学的本领，海瑞加强了对读书与考试的制度建设。他强调读书要循序渐进，要打牢基础。为了对生员的学业成绩和品德成绩有充分了解，学校专门设立不同的簿册分别记录，学业成绩簿册包括何时背何书、背诵的熟练程度以及生员出勤写字等情况。品德成绩簿册则记录生员何时做了好事、何时做过坏事、被惩罚的情况及平时文明礼貌情况等。到年终之际，学校会根据这些记录对生员考评，“岁终执此，历历稽验参酌”，据此对生员进行赏罚。当然，海瑞强调记录的目的不光是为了年终对生员进行考评，而是为了及时发现生员存在的问题，对生员进行奖惩教育，对有过错的生员，绝不能让他破罐子破摔，“诸生失之前，宜补之后”，激励好生员永远保持良好的学习状态，“不可当始勤终怠之责”。这种日积月累的记录,会对生员有一定的约束作用,对改变学风产生了良好的效果。

为了便于学校管理,也为了整顿学校正常的学习纪律,他规定生员“非甚不得已,必宿号”,即生员必须住校读书,不准走读。实在迫不得已而不能住校的生员,也要根据其距离学校远近,规定半个月或一个月回学校一次考察学习情况。不管是住校还是走读,所有的生员都要详细登记其住宿房号以及家庭住址和社会关系。这样做的目的,一是“为号课呼唤之节”,即作为上课点名册的用途,二是“诸生家之所行,学之所习,亦或缘此有知也”,大概是作为教师家访之用。平时的作业与考试,按住读与走读之不同,分别作了规定。但每月月底的考试,走读生与住读生都要参加。为了严格考试制度,每次在考试前,都是临时编排座号,对号入座,天亮以前点名,学生入座,天亮时出题目,点名以后才到的生员,要受到责备,但准予考试,封门以后迟到的生员就不准再进入,按未参加考试处理。

海瑞还要求学校在教学中能积极引导生员理论联系实际,教育生员要关心国计民生大事。为了提高生员关心国事的兴趣,增强生员的社会使命感,以便将来进入仕途能更好地为国家和社会服务。明中叶以后,边防、水患成为政府最关心的大事,所以海瑞坚持把边防、水利等列入教学内容,“每月约讨论一二”,并将其列入考试命题之中,以培养生员认识社会的能力,也可为官府和社会提供计策。生员要有高度的社会责任感，善于观察社会，随时向官府有关部门反映身边的善恶之事，如果生员对诸如乡贤、名宦、孝子、节妇等国家非常重视的大事，“知而不言，异日将何以直言天下事耶！”生员见善不扬，见恶不贬，那就是整个教育的失败。海瑞的教育思想体现了他对社会和国家高度关注的强烈责任感。

当时社会不良风气盛行，导致传统礼乐制度不断受到挑战。针对这种情况，海瑞认为“礼废久”的原因，“正以无士人为之倡率也”。对于一般老百姓来说，他们的模仿心态很重，“见越礼者之耀俗，从而效之”。因此，海瑞要求学生们在日常生活中要身体力行，为天下人做表率。《教约》规定，今后凡是生员家里有婚丧嫁娶等事，必须报告学校，并且一定要按照礼仪举行，对“不依礼而行者，痛治之”。儒家强调士人的修养要达到修身、齐家，才能治国、平天下。海瑞认为，如果学生不能“以礼齐家”，那么将来怎么能“为朝廷治平天下也”。如果学生连起码的礼都不能遵守，那么这样培养出来的学生不可能为社会做一番有为的事业。因此，学生无论在学校还是在家庭、社会，做任何事都“必如礼”进行，如果“有放纵不检者”，除了学校批评教育外，若被海瑞“访知，亦行重治”。

海瑞认为教师在生员的成长历程中有很大的引导作用，应该受到社会尊重。但是，一些教师受到社会上送礼风气的影响，也接受生员馈赠礼物，有损为人师表的形象。《教约》专门制定了多条约束师生间授受礼物的措施,指出县学教师的生活费用已由官府供给,假若再收受生员的礼物,那就是剥削生员。同时规定,生员在参拜老师时,“不许更执货物以进”。凡是社会上流行的在节庆日给老师送礼物的风气,“俱不许举行”。他号召师生间应该以道义相处,“诸生欲以道义自处,请先以道义处人”。而对学校的工作人员即“学吏”,《教约》明确他们的职责是“供写文案”,其办公经费由学校支出,“今后纸笔费用,俱系本职区处”,严禁学吏们以帮补生员为名,向生员索取钱财。他认为学吏是学校的一个形象代表,如果他们接纳生员的贿赂,生员就会对学校产生不好的看法,“学校地光明洁净,容尔一贱吏私为污秽?”海瑞本人对所有的赠送一概拒绝。

《教约》要求生员树立正义感,要堂堂正正地做人,不要一见权势就卑躬屈膝而“自贬士气”。其实,明代法律对生员拜见官员礼节已有明确规定,但有些生员一见到官员,就自觉矮人一等。海瑞规定:“今后于明伦堂见官,不许行跪,学前迎接亦然。”遇到官员到本县考察,生员见面也应该遵守礼节,“一见后不许再同有司行三日揖”,所谓“三日揖”就是做了超过规定的礼仪了,更不能“免冠叩头,奴颜哀免”。海瑞指出“一介书生可以生于人,可以死于人”,但就是不能“舍礼以媚人”。一些生员为了奉承上司,表面上很尊敬上司,为其写一些歌功颂德的“帐文”,但在暗地里又痛揭上司的过失,海瑞对这种言行不一的行为深恶痛绝,认为这既是对社会的不负责任，也是失礼的重要表现。在《教约》中也规定予以革除，要求生员言行一致，敢说真话，并说如果上司责怪的话，“责在本职，于诸生无与也”。

海瑞说到做到，作为教谕，他不仅“以严师自处”，而且带头严格执行《教约》，即“先为诸弟子严之”。海瑞率先垂范，无非出于正人先正己的理念，从而才能保证《教约》真的切实可行地得到贯彻，为国家培养出符合理学要求的人才，也为社会树立好的榜样。

其实，在海瑞制定和颁布《教约》之前，大家都没有当真，以为海教谕和以前的教谕，应该不会有什么两样，不过是新官上任三把火，做做样子而已。因为形式主义式的做样子在明中叶已经相当流行，很多时候，大家都是说一套做一套，或说归说做归做。等到《教约》颁布后，生员们才恍然大悟，原来海教谕是真抓实干的。生员们再也不敢随便迟到早退，更不敢随意旷课了。大家还发现，海教谕说到做到，他带头不收学生的任何礼金，对生员赏罚分明。大家背地里给海教谕起了一个绰号——海阎王。海教谕不收生员礼金，也从不为难学生，他平等地对待每一位生员，虽然很严厉，却从不因个人好恶惩罚学生。生员们在恐惧之余，又对他十分尊重。

海瑞自从出任南平教谕制定《教约》开始，以后依例每到一地任职，都根据纲纪国法制定因地制宜的施政规章。制定地方规章大概是明代官员到某地履新时的重要表现形式之一，但是有些官员制定的规章全是套话，只是为了做做表面文章而已，并没有落实到实处。然而海瑞制定的规章不仅“字字实事”，而且非常重视落实，从不走过场、搞形式。他不但要求别人遵守，自己更是带头身体力行，言行一致。海瑞这样做的目的，无非是想重振朝纲，树立国法的权威，大破地方社会流行的种种乡俗陋习。

海瑞制定的《教约》条规，总的来说只是针对南平县学的生员，执行起来相对较容易。但海瑞并不这么看，他制定《教约》的目的是为了树立正气，是要通过对生员的约束，进而扩大到向全社会宣传王朝国家所要的正能量。这一意图，很快就在海瑞身上得到了体现。在南平县社会至今还流传着海瑞严格执行《教约》而顶撞巡按御史（也有说是福建督学）的“笔架博士”的故事。所谓“笔架博士”是指海瑞在南平县学宫见上司而不下跪的故事。

督学是什么官？明朝初年对学校没有设立专门的管理机构和管理人员。明英宗正统元年（1436）朝廷设立提调学校官，又称提督学校官，简称提学官、提学宪臣或督学，标志明代学校教育专门管理制度的确立。督学的管辖范围，一般以省为界，各省以按察司副使或佥事一人为提学官，管辖一省的学政。督学由吏部会官保举产生，要求为德行学问出众之人。督学必须每年亲自巡历一次所属学校，不许移文代委，或召生员前来考试，对巡历所属地方的生员学业、考试，以及教官行为举止等，均要过问。于此可见，督学对未入流的教谕升迁，有着重要的话语权。

海瑞作为教谕，应该说对督学的权限十分清楚。但当福建督学到南平县考察教育时，海瑞的做法又出乎所有师生的意外。因为按当时流行的官场潜规则，县级学校在迎接省里的督学时，从生员到教谕都会到学校大门外行跪拜礼，以示对上司的敬重，以此也显示地方教谕对上级领导的恭敬态度，说不定在考察之后，教谕还要好吃好喝地招待督学。但海瑞并没有率南平县的师生到校门外跪迎。这让总是习惯于下级在校门外跪迎的督学，心里已经有了些许的不满，但也无可奈何，因为王朝制度从来没有规定督学到下面考察时，县学要组织师生到校门口夹道欢迎。之所以出现跪迎的场景，多是地方教谕出于拍马溜须、巴结上司想出的歪主意，而且这一做法在嘉靖时期竟然已经成为了不成文的规矩了。

福建督学没有享受到南平县学热烈欢迎的场景，但考察还得继续进行。接下来就是督学在县学宫的明伦堂，类似于今天的会议室，召见县学教谕、训导等教工。结果海瑞在这次见面会上，又做了一件轰动当时的事，成了“爆炸性新闻”。据说，海瑞带着训导等人一字排开地参见督学，因教谕是县学的最高负责人，所以海瑞在一字排开的队列中自然站在中间位置。这些训导们在明伦堂一见到端坐在主席台上的督学，就赶紧一起行跪拜礼，唯独海瑞一人仍笔直地站立在他们的中间，只以双手抱拳作揖拱手施礼。这个场景的影像给人的感觉，就是传统文人书房桌面上放置毛笔的山字形笔架。督学再次被眼前的场景“雷”到了，因为他到各地县学巡查工作，从来没有遇到过这种架势，看着眼前这种左右低中间高的参拜仪式,再加上进门时也没有受到全校师生的欢迎,这一次真的从内心深处感到自己的尊严受到了伤害,他强压怒火,用调侃而戏谑的语气说,从哪里弄来这么大的山字笔架啊!

海瑞自然知道督学所说的话外之意,因为在这之前,训导们已经告知了他如何接待督学的各种已经流行的规则了。他镇定自若地调整了一下情绪,尽量不让自己在说话时情绪失控,因为毕竟督学是一位德才兼备的人,也许只是被流行的潜规则所左右而已。但海瑞耿直,他不想也不愿意拐弯抹角,所以他一脸严肃地对督学说:大人饱读诗书,肯定明白明伦堂是县学的核心区,是师生读书、讲学、弘道的场所,所以在这里最应该保持师长的尊严,这一点在大明《会典》里有明确的规定!我作为县学的师长之首,自然不能下跪!我等若是到贵府求见大人,则当另有礼节,请大人不必生气!

督学当然知道海瑞所说的这些考察时的注意事项。因为早在明太祖朱元璋开国时,就已经大张旗鼓地倡导尊师重道,在明朝已有的法律文件中从来没有规定县学教职员工在遇到督学视察时要集体下跪,这也是海瑞坚持不下跪的尚方宝剑。只是在明中叶以后,随着社会风气的转型,士风开始受到影响,即使是身为教职的学官,也自贬士气,屈身随俗。督学听了海瑞的一番话,心里自然不爽,但也只能忍气吞声。因为他本来是想借接见县学教工的机会,显摆一下自己的威风,结果事与愿违,又被海瑞间接地奚落了一番,心中的恼怒又不能发作,见面会很快就草草收场。

海瑞正直的形象,第一次得到展现,而且此时他仅是一位未入流的县学教谕而已。换句话说,他完全按照自己制定的《教约》在办事,从未为自己的前途考虑。于此可见,他的为人处世与当时流行的社会风气有明显的不同。海瑞不跪拜督学的这件事,很快就在福建官场流传开了,海瑞就此赢得了一个"笔架博士"的雅号。

海瑞尚未获得任何官阶,就敢于据理力争,顶撞上司,肯定会引起当时人和后来者的极大兴趣。所以直到清前期官府在组织人马纂修《明史》,在为海瑞所立的传记中还专门记录了这件事,"御史诣学宫,属吏咸伏谒,瑞独长揖,曰:台谒当以属礼,此堂,师长教士地,不当屈。"明末清初,广东著名士大夫屈大均在《广东新语》卷九《事语》中也专门罗列有"教官不拜"的条目,对家乡这位先贤肯定有加,并评价说:"盖教官者,能尊其身,而后能尊先圣,不能尊其身,则何以代先圣而行其教?其辱先圣莫大焉。"看得出,屈大均是将海瑞放置在传统社会教书育人的过程中,高度评价了海瑞自尊自重的人格魅力,因为教师的这种人格魅力是传承先圣文化的最基本素养。

海瑞在当时没有按照整个社会默认的潜规则办事,做了一件于情于理于法都应该做的事,结果却被当作美谈而广泛传播,也从一个方面反映了明中叶以后社会道德风气下滑的严重局面。而海瑞的抗争,更加突出了其刚直的品质,以致后来的社会名流诸如李贽、张伯行等人都在自己的文集中记载了海瑞的这一壮举。因而有关这一美谈也就有了许多不同的版本，比如海瑞获得的雅号就有“笔架学士”、“笔架先生”等名称，而所谓上司也有说是延平府的督学官，也有说是郡守诸大夫，还有说是御史。这些说法究竟哪一种更接近于事实，其实已经不太重要，重要的是海瑞面对比自己职位高的权势人物，并没有卑躬屈膝，而是完全按照传统礼节以及明朝法律的规定，去做自己应该做的事，对于任何有违于礼节的东西决不迁就，实现了自己当初所许下的诺言，也与其自号“刚峰”所标榜的品性相吻合。

“笔架博士”的雅号，是海瑞在《教约》中始终强调培养生员养浩然之气的体现，其实，也是海瑞一直严格要求自己的真实写照。海瑞认为教师有教师的尊严，不能随便向上司下跪磕头。任何人做每一件事都必须符合礼制和国家法律的规定。当然，海瑞在公开场合的这些做法，显然让督学上司下不了台。在明中叶官场很讲排场的现状中，督学在离开南平之后，自然少不了对海瑞暗中进行刁难。海瑞因坚持原则，而屡屡受到刁难，遂对官场产生失望情绪，以老母在堂，回家侍奉母亲为由，要求辞去南平教谕一职。他在给海南道陈双山的信中说：“本职初官，遽不得上人意，这等世界究竟做成甚事业！母老在堂，归期指日。”海瑞的辞职报告很快就被送到延平府，而知府对海瑞在南平教谕任内的种种举措，早就有所耳闻，对海瑞不能和官场流行的做法合流，既表示赞成，也表示担忧，在接到海瑞的辞呈报告后，对海瑞的去留举棋不定。知府立即将此事向福建省有关部门反映。就在这一关键时刻，福建省级官员朱镇山听到了这件事，对海瑞的行为也表示支持。朱镇山劝说海瑞不要在一跪之事上争论是非，开导他要忍辱负重，以施展自己的理想与抱负，并邀请海瑞暂时回避，先到福建正学书院编写书籍。海瑞表示同意。不久，朱镇山又积极劝说海瑞回南平续任教谕，海瑞也只好接受，并再次回到南平县学。

海瑞不肯屈膝于上官，并非是计较个人身价，为的是师道尊严。他认为“人才所由造，世运所由理”，靠的就是教师。当教职的人，传道授业，造就人才，干的是有关世运的大事，理应受到全社会的尊重。由于当时士风和吏治的败坏，出现了许多怪现象，海瑞历来就憎恨社会陋习，也一直想凭借一己的力量力挽狂澜，“笔架博士”是他付诸行动的真正表达。他在给福建学道的信中说：“舍礼从俗，今日从之，明日又从之。从之又从，浮沉逐世，讫何所底止哉！”教官生员迎送参谒上司，“我祖宗相继作有礼节”，这些礼节与其他衙门内的员役是有区别的，目的就是“以作士气”。如果连教官生员都“今日舍礼以媚人，他日必不能守道以正世。我国家何取焉？”可见，海瑞并非为一己争高低曲直，而是为了大明江山社稷着想。

海瑞再次回到南平县教谕任上，为了改变士人舍礼从俗的风气，又专门撰写了一篇《规士文》，再次强调“朝廷养士，本在安民”。要求士人从小事做起,将自己的一切行为都自觉地纳入到“礼法之内”,言行要尽在“道义之中”,维护士人的形象,为社会树立好的榜样。因为,对普通百姓而言,“唯秀才之言语是听”。百姓之所以如此,并不是害怕士人的势力,而是“以为彼读书知礼之人”罢了。所以,作为读书人,不应该信口开河,不应该恃才藐师,不应该挟制官员,不应该随心所欲去打官司,更不应该拉帮结派。读书人必须懂得“礼义廉耻”,只有这样,才能得到社会的尊重。如果读书人自身“立志不专,向道不笃”,将来如何面对社会,如何教育他人呢?

海瑞在文中指出,学校是对读书人培养礼法道义的关键所在,因为“公论出于学校”。可是,嘉靖时期,一些学校却盛行浮薄之风气,一些生员“以爱憎为毁誉,以口舌代戈矛”,一遇到不如意的事情,就造谣诽谤,到处写匿名信告黑状,甚至参与社会上的诉讼。一些生员“无水而起风波”,鸡毛蒜皮的小事也闹得满城风雨,“或聚谈人家是非”,或私下给同学起绰号。海瑞对读书人结党最为痛恨,认为这不仅有违于法纪,而且会造成社会以类相聚,坏人横行。如果士人“不以道义相先,而结党以为诸类倡”,那么社会上就会“私党横行,纪法尽废”,天下就要大乱。海瑞痛心地指出:“此等士风,最坏心术”。他提倡读书人之间应该是“过失相规”,彼此之间要做诤友,要自爱自重。

海瑞上任淳安知县时,正赶上淳安文化教育下滑的现实,他果断地把兴办教育放在县政工作的重要位置。而要重振昔日淳安文化教育强县的雄风,必须要有一支德才兼备的教官,他在《兴革条例·吏属》中多次强调教官对教育乃至社会教化的重要性,“教官掌一邑之教,门下皆凡民之秀,所事事比俗吏簿书词讼不同。师道立,善人多必矣。于以推之,功效不浅”。以此来告诫教谕、训导等专司教职的官吏们,要认识到自己身上担负的重要使命,只要“师道立”,就能引导整个社会向善风气的形成。他提醒教官们在教育过程中不要敷衍塞责,“模范不端”,更不要接受学生的拜见送礼,应该时刻想着为淳安教育振兴献计出力。他还专门制定《教官参评》,要求教官们每天都要给学生讲授国家规定的经史子集书籍,“月日会课,切磋琢磨”,使学生渐渐能“义理明而心性醇”,将来一旦登科入仕,就会对国家、对民生大有裨益。海瑞出身举人,又任过教谕,一生始终坚持尊师重教的思想,无论身居何位,无论于何地任职,都将兴办学校、教化子民作为造福一方百姓的基础性工作。在淳安,海瑞继续了这样的执政理念。

海瑞上任时的淳安县也是庙宇林立,淫祠泛滥,严重制约了学校和教育事业的发展。所谓淫祠,是指不符合国家礼制规定而设立的祠庙。他依据国家法律,着手清理整顿淳安已有的寺观庙宇,加强对僧道的规范化管理,对不符合规制的淫祠坚决取缔。海瑞对淳安县境内的寺观院庵清理整顿,在明人梁云龙的《海忠介公行状》有记载:“淳故多淫祠,社学独缺,公毁祠宇以为社学,欲尽如洪武六年令乃止。”淳安县的淫祠多到什么程度呢？据万历六年(1578)刊印的《严州府志》卷六《经略志·寺观》统计，当时与淳安邻近的桐庐有寺庵宫观计30处，建德有寺庵宫观计33处；而淳安则有寺庵宫观计62处。据海瑞调查，在淳安县山麓中民间建立的小神屋数不胜数，“僧每寺院约有十余人，私居道士以数百计”。所以，乾隆时纂修的《淳安县志》说，淳安地方“琳宫梵宇虽遍小邑，如淳亦在所相望”。海瑞对神灵的敬重是建立在造福百姓基础上，民间传说的“劝农抗旱”，就是描述海瑞在大旱面前，劝导乡民不要祈求龙王和山神，而要依靠自己的力量，团结一心抗击旱灾；“气煞观音”则讲述海瑞在九华山与观音斗法的故事。因此，海瑞在淳安的毁祠兴学应该是真实可靠的。

宗教庙宇场所的减少，不仅可以将一批劳动力从寺庙中剥离出来，增加从事社会经济开发的力量，而且还可将部分寺庙改为社学，以渲染社会重教的风气。明代地方乡村建立的小学叫社学，明太祖时就规定“府州县各里立社学”，以教育乡村子弟，社学深入到乡村，每县一般都有数十所，十五岁以下儿童可入学就读，学习冠、婚、丧、祭之礼及经史历算，并兼读“御制大诰”和“本朝律令”。但明中叶以后，乡村社学大量荒废，数量急剧减少，海瑞在淳安乡村调查“询访社学，则一无有焉”，至少说明社学十分稀少。据万历六年(1578)《严州府志》记载，淳安县有书院13所、社学2所，总计15所。寺庙众多，而社学严重缺失，偶尔在一些乡村有人建立私塾，聘请老师教书，学生人数也很有限，合计全县的“社学生不及两百人”。他对淳安这种“不乐学”的社会现象，颇为感慨：“奚怪哉！”这也是明中后期淳安中举人数下降的重要因素之一。淳安淫祠颇多，严重挤压了基层教育机构的生存空间，海瑞下令把寺观院庵改作社学，在《禁约》中特别规定，全县人民不许设斋醮祭佛，浪费财用，不许树造佛庙，违者由里老加以劝谕，若不接受劝谕，“许诸人告治”。

海瑞开始营造良好的读书氛围。学宫是科举时代的官办学校，也是国家教育体系的主要场所。淳安县学宫始建于北宋，以后屡经扩建和修葺。嘉靖三年（1524），知县姚鸣鸾更建朱文公祠，左为名宦祠，右为乡贤祠。六年后，又建启圣祠。海瑞在进入淳安任职的第二年，即嘉靖三十八年（1559）就筹集资金对学宫进行了大规模的扩建和改造，工程主要包括增加号舍三十余间和将棂星门由朝南改为朝西。

学宫中的号舍是科举考试时的考场，考生在此白天考试，晚上住宿。海瑞增加了三十余间号舍，说明参加考试的人数有所增加。棂星门为学宫中的大门，其规制一般仿山东曲阜孔庙的大门建筑。关于海瑞改建棂星门的朝向，还有一段小插曲，淳安县学宫的棂星门本朝西，门外由一架山梁，被人称为状元峰。成化年间，对学宫进行改造时将棂星门变为朝南，据说，此后的淳安科举出现滑坡，风水先生认定是棂星门朝向所致。不管海瑞是否相信这一说法，但他的确想通过将棂星门改南向西，能为士子们带来好运气，重振淳安科举之盛。从这一角度来看，海瑞对棂星门的改造，实为醉翁之意不在酒，其象征意义远远大于实际行动。

社学在明朝国家教育体系中处于最基础性的学校，海瑞对此有清醒的认识，他说："今之社学，即古之小学，教之始也。句读词章，不得已为举业计。正义在伦理、在四维，教道之正，今人非不知之也。"既然儿童教育这样重要，所以他非常推崇王阳明所作《训蒙大意》一文，认为这篇文章是开启孩子向学的"良法"，并将其全文抄录于《兴革条例》，其中有：

> 古之教者，教以人伦。后世记诵词章之习起，而先王之教亡。今教童子，惟当以孝弟忠信礼义廉耻为专务。其栽培涵养之方，则宜诱之歌诗，以发其志意，导之习礼，以肃其威仪，讽之读书，以开其知觉。今人往往以歌诗习礼为不切时务。此皆末俗庸鄙之见，乌足以知古人立教之意哉！……若近世之训蒙稚者，日惟督以句读课仿，责其检束而不知导之以礼，求其聪明而不知养之以善，鞭挞绳缚，若持拘囚。彼视学舍如囹狱而不肯入，视师长如寇仇而不欲见……是盖驱之于恶而求其为善也，何可得乎！

这段话的大意是，古时候的教育以人伦为重，教人要实行忠、孝、节、义，才算是尽了人伦，才算是一个人。后来教人的法子，是专门教人抱着几本古书，闭了眼睛乱念，并不知道书里所说的道理。孝是孝敬父母，弟是爱敬弟兄，忠是尽忠报国，信是心口如一，礼是遇事有礼不侵害他人，义是待人公道自守本分，廉是不取非义之财，耻是真心学好不做坏事。人在孩童时代，家长及教师就要通过歌诗、习礼等方法把这些道理教给孩子。现在的人往往认为歌诗、习礼的学习已经不符合社会发展的需求了，因此也就失去了古人立教的本意。教育儿童不但要开其智慧，还要培养其心智，扶植其志气。只知道教儿童念书做文章，不训练他的品行，甚至还用捆打辱骂等野蛮的方法强迫孩子学习，以至于儿童看见学堂就像看见监牢一般，把教师也看作像仇人一般。这样的教育方法，只能促使学生走向恶，而不可能走向善，结果与教育的目的背道而驰。

为了鼓励社会兴学重教的风气，明代特别重视举办乡饮酒礼活动，这是一种源于中国上古时期乡村社会的宴饮礼仪活动，整个活动十分重视名分，座次排位严格区分尊卑长幼。汉代以后，郡县多在学校举行这种礼仪。隋唐以后，随着科举考试的推行，州县长官往往在学宫为中试者举行乡饮酒礼。明代规定州县以下乡村社会以百家为单位，由里长或粮长主之，坐席时以善恶分列座次，不许混淆，作为在乡村推行道德教化手段之一。洪武十六年(1383)，明政府又下令各府州县每年正月十五日、十月初一日在学校举行乡饮酒礼。席间由教官宣讲有关长幼有序、兄友弟恭、内睦宗族、外和乡里等各项规定。可见，乡饮酒礼的意图就是为了教化民众，使他们遵守朝廷所颁布的律令礼法，从而达到行教化、淳风俗的目的。明中叶以后,随着世风日下,学校教化作用日益萎缩,乡饮酒礼也变成了一副道具,学校即使举行也是敷衍塞责应付官差。

海瑞在淳安期间,试图在学校中恢复举行乡饮酒礼来达到教化的目的,他在《兴革条例》的“礼属”部分特别强调乡饮酒礼在序人伦、美教化中的重要功效。他认为,当时许多年轻的生员已经不懂得乡饮酒礼的规矩,甚至在乡饮酒礼仪式上傲慢无礼,言行举止不符常规,且视孝悌之道为笑谈,“不知让道,藐视高年长者,以故事乡饮,凡进酒供汤馔,礼貌衰慢”。海瑞对这种颠覆人伦常理的行为颇为愤慨,指出一个人无论取得了多大成就,在长辈面前都要做出恭顺谦卑的姿态,这是天经地义的事情,“夫乡老虽愚拙,父兄也。生员凡民之秀,纵状元、进士唾手可得,亦子弟也”。既为子弟,则“随行侍食,礼所当然”。讲究人伦秩序一直是中国传统文化的核心所在。

海瑞到淳安后第一年就在调研中发现当地不少士人也沾染了社会上流行的士风,并不把心思用到读书学习上,每日“唱饮呼卢,逐膻蝇营”,对儒家经书一无所知,“懵然罔闻也”。为什么会出现这种倒退的局面?海瑞认为,当时淳安社会对士人的待遇尽管较优厚,但越是厚礼待士,反而引起士人的更加堕落,以前士人是“重义而不重利”,而今则是“重利不重义”。他呼吁士人要保持名节,改变重利轻义的价值取向!

海瑞在《兴革条例》中列举了国家对生员的重视和优待，“我国家群士黉宫，导之师儒，优之廪禄，复其身及其宗族，待之不为不厚矣”。就是说，国家对士人的待遇已经很优厚，为其择师，发给其薪水，还优免其家赋役。但士子们却并不珍惜，非但不一心向学以报国恩，反而将考取功名作为谋利的工具。这些人一旦跻身高位，只会对百姓百般鱼肉，完全违背了国家厚待生员、重金养士的初衷。他痛心疾首地呐喊，国家“求士”是为了“润泽生民”，但这种人实在太少了，“何上之人意在得贤，而士之所希在荣利也”。也就是说，国家选士求贤的目标与士人求“荣利”的心态完全相反。所以这些生员一旦“应举入官，耽利禄，慕荣途，患得患失，靡所不至，不能不坏焉”。当时，社会上有人把秀才比作闺女，海瑞借此讽刺说：“今之秀才不为处女，而为淫妇亦多矣”，生员已堕落到比普通人更为无耻的境地，“以若所为，求若所欲，负天地生人之义，孤朝廷作养之恩，非生员也”。生员名不副实，拿着百姓的血汗钱却不为百姓做事，只谋一已之私利。

海瑞在《兴革条例》中专门就培养生员的正气问题，作了诸多规条，综述之主要有：

1.严禁向百姓摊派路费银、酒席银等用于科举支出的费用。生员赶考，国家已提供了充足的路费，一朝登第，摆酒设宴，款待师友，也有酒席钱可供支应，而且国家“待贤之礼”是“宜丰不宜俭”。问题是这笔钱多取自百姓身上，可这些生员考取后又多不能为民造福,反而祸害百姓,大有本末倒置的谬举。对于百姓而言,出钱支付生员进取,如果真的能“养贤及民”,自然是求之不得的好事,但更多的时候,百姓出了钱供养出来的这些生员在考取后,就变成了“他日厉民之人”,百姓为此承担了相当大的风险系数,“厉民之人,何故剥民奉之”。海瑞因此强调对于支付科举考试的费用应尽量从政府专项内支取,而不应派之里甲给百姓增加负担。当时海瑞任县令时赶上一次正常的科举考试年,按照惯例,淳安县支付“每一生给银四两”,同时又给“每名酒席银五钱”,所有支付都来自县财政,“止于支应银内取用,不派里甲”。到后来,他干脆将酒席银革除,“酒席银原县中私派,今革去”。

2.取消生员所享受的水手长夫、花红酒钱、贺礼牌匾等额外待遇。如果说上述的路费银、酒席钱还是国家允许的正当科举花费的话,那么专门为登第进士、举人、岁贡生配备的水手长夫,登第后竞相索取的花红酒钱及贺礼牌匾等则是增加百姓负担的额外支出了。“凡乡官、进士、举人、岁贡生,上司往往批送水手长夫。抚按司府衙门多一处批一名二名,各为人情,甚至一人之身受水手十余名有之。府学、建德县学岁贡生,又有采录民风名目,奉府牌至各县取花红酒礼。夫进士举人岁贡生正经所得,有牌坊银,有路费银,若长夫水手贺礼牌匾接踵而来,分外物也。执其正而取之民,义也,民不得而辞也。分外所得,累之穷民之身,民何堪之!”特别是这些给予生员的额外待遇在竞相攀比之下,到嘉靖时已日益丰厚,最终多来自百姓,实在是有百害而无一利,“闻之待士礼物种种渐至今日而厚,溯之先年无今日十分之一”。

海瑞由此联想到,国家待士虽由“薄”转“厚”,但生员素质却反倒逐渐下降,关键是“利”和“势”在作怪,“利”根不除,“势”根不除,则根本无法扭转士风,“先年待士以薄,或得佳士;今待士隆矣”,反而“无一臣可倚托焉”。即士人待遇越厚,未必能得到真正为民的好官。过去“士子利心尚轻”,但“今则作兴士子者,利焉而已”。士人过分地看重利益,一旦走上领导岗位,“利心有根,故得一官则侵罔侵牟,无所不为”。过去的士人重义,一切以“义”为重,现在的士人因“利心”作祟,对自己前途的“势”很看重。他希望全社会都能客观地对待士人的待遇问题,尤其是士人更要清醒地看待两者之关系,“以厚为薄,以薄为厚,惟势利不入心者能见之”。他认为给士人待遇太高,有时反而会产生不好的后果,“待士之厚,不独不可得士,往往遂至厉民”。所谓“厉民”,意思是国家发给士人的优厚报酬,全部来自于百姓,“非从天而降,从地而出也,一取之民而已”。所以在淳安的百姓中流传着这样的民谚:“一富败三村”,大概是说,国家养富一个士人,往往需要三个村庄百姓的付出。

海瑞指出,过去士子所获并不多,他们反而能一心为民,“虽居官日久,无大蓄积,故当时之民,殷殷屯屯,人衍家富”。而今士子不仅获取较多,且一旦为官,“所得较前十百千万矣”。但是“天地生财，止有此数。丰于此必歉于彼。乡士夫则富若此矣，而欲小民之裕于丰食也，其可得乎！”天下的财富是守恒的，士子多拿多占，则老百姓就会缺衣少食，“乃今小民困苦之多，乃今乡士夫富足之多为之也”。如果国家养士是为了厉民，那国家还“养士”干啥？他痛切地疾呼：“士惟势利之慕，不足称士矣！”海瑞反对新进生员办酒席感谢县官学官的惯例，斥之为谬举，认为这种酒肉之交无形中也为生员日后走上贪图利禄的邪路埋下了祸根，“一入门而意向差，他日耽荣爵老而不休，事贿赂惟利是竞，端肇是矣”。他规定“令里甲办无席面酒数桌，纱帕三端，送各生参见学官，少将父兄为子弟求师之意”。将先前的酒席全部革除。

3.建议国家减少贡举的名额，优中选精。海瑞认为，当下生员质量的下降很大程度上应归咎于国家取士过多、过滥，他以自己中举之时广东的考录比例为参照，说昔日录取名额较少，这样既可节省科举考试的支付费用，又因考试中第较难而鞭策生员必须刻苦攻读，从而能录取到真正的人才。“本职广东人，广东举人七十五名。闻正德末年科举生止取七百五十名。”就是说，参加广东科举的考生每十人可以录取一人为举人，海瑞认为这已经是较宽泛的了，广东为此一年节省了很多费用，“是年省费，民甚便之”。因为“省一名则省一名路费，省一名场屋中诸般费用”。这对老百姓自然是一件好事，至少他们可以少一点负担，而对士子来说，如果要想到省城参加举人考试，平时就必须努力学习，“士子亦因科举名不可倖得，益加勉励”。对一个县来讲，由于名额有限，所以应考官要慎重选择，即“精择”，杜绝“宦家子弟”走后门、说人情，把有真才实学的生员挑选出来，实行优中选优的策略，“选之精，士子有所观感；数额寡，请托不能为奸”。海瑞说，这一套办法于国于民都是好事，“革宿弊，省民财，得佳士，一举而而三利焉。”

4.狠刹乡官生员之间的公款送礼应酬歪风。嘉靖时期，淳安流行乡官、进士、举人、岁贡生这些同属于“士”的阶层成员，出于互相提拔、结党营私的考虑，往往利用公款馈赠应酬，筹码也越来越大，一些上司经常发“礼帖”给下级，要求支付“无碍官银若干送某宅上”。海瑞指出这些银子“旧规出自里甲”，所谓“无碍官银”只是一种借口而已。问题是当初“上司赠人不过三升五升禄米，禄米赠人，与尔邻里乡党义也”。但到了嘉靖时，米被银子取代了，“近方以银，初数钱，渐数两，今则三五十两有之”。这些钱馈送的对象不是穷人而是富人，而小民百姓则“衣食不足，种种差役，困苦百端”。海瑞对官场中这种“益富”而不济贫的做法深恶痛绝，“不恤其急而益富，何心哉！”这些应酬馈赠说到底还是在盘剥百姓，是“取贫而济富”，其结果只能使这些士子们富者愈富，小民百姓则贫者愈贫。这股以公款送礼的理由是“仕途狭小，加礼私结，正谓后日相遇地也”。海瑞认为朋友之间馈送礼物，却让普通百姓来承担费用，实在是非常不合情理的事。官员之间即使出于朋友之间的交际，也是“不足道”的，毕竟这会败坏官场的风气，更何况现在是“剥之贫民以益官宦”。他号召士子们能以罗念庵(1504—1583)为榜样,少些迎来送往,多些对民生的关注。罗念庵为江西吉水人,著名理学家,据说他在家乡时,“凡官府馈送,一切不受”。天下士子若都能这样,不仅可以省却百姓的负担,而且还可净化官场。

5.建议朝廷裁撤援例生员,引导其归之于正途。在明代的科举体系中,进入学校并通过参加乡试、会试、殿试,取得秀才、举人、进士等功名为“科举正途”;还有一种方式就是准许富家子弟纳捐资财入国子监,谋得监生的名号。凡由生员纳捐的称纳贡,由普通身份纳捐的称例贡。纳贡和例贡统称为“援例生员”。嘉靖时期,北方蒙古土默特部在其首领俺答汗的率领下频繁南下,北部边防一直处于刀光剑影的战争状态。同时,内外勾结酿成的南方倭寇之乱也严重困扰着东南沿海。几近空虚的国库已经无法应对巨大边防压力所带来的粮饷需求,政府于是大开“援例生员”的门户,各地殷富人家纷纷为其子弟捐纳生员身份。海瑞认为虽然“援例生员”中偶尔有些“名人贤士”,但只是“千百中之一”。许多人不过是用金钱换取爵禄,再用权势来搜刮百姓,牟取暴利。这其实是在官逼民反,“天下之人将不顾死亡之患,败乱之行以求之矣。今天下盗贼纵横,东征西起,趋利故也”。他引用西汉时萧望之对当时“入粟赎罪”政策的批评,认为大量“援例生员”的出现,是当政者舍大取小的短见之举,“一人得生,十人以丧。朝廷苦盗发,一征调费银十百万计。所得于援例几何,所损于援例十百千万矣。”这虽是国家在危机之际的权宜之计,但还是请朝廷从更长远的角度考虑计策,因为孟子曾说:“术不可不慎。”有鉴于此,海瑞在淳安,对那些想通过“纳粟”获得功名的援例生员,都劝他们回归到科举正途上来,否则即使获得了生员资格也不会向国子监推荐起送。

海瑞在淳安因重教兴学和对优秀人才的提拔奖掖而结识了一位生死挚交徐廷绶。徐廷绶(1515—1578),字受之,号锦泉,淳安威坪河村人,屡试不第,在海瑞出任淳安县令时,徐已是年届43岁的举人。在海瑞的勉励下,徐廷绶于嘉靖四十一年(1562)再次赴京赶考,终于荣登进士。徐廷绶衣锦还乡时,适逢海端离任,他受乡里父老的嘱托,饱含真挚的感情撰写了《去思碑记》,回顾了海瑞在淳安任内的卓然政绩,尤赞叹科第之盛时说:

> 文献自昔科第蝉联,时丁靡敝,是以有振作之典;精课试,优激赏,而士儒为之竞动。棂星创始,兑面允宜,南易否乘,是以有修复之举;崇规制,设宫墙,而文运为之挽回……至于建社学以教子弟……更仆不能悉纪。

这段话可看作是对海瑞治理淳安教育政绩最贴切的评价。徐廷绶以后在仕宦道路上颇有海瑞为政之风格,被历代《淳安县志》收入奉公守法的“循吏”传中加以表彰。

海瑞在淳安进行的教育改革,还与其另一位挚友也是其僚属分不开。这个人就是淳安县儒学教谕赵公辅。据海瑞的《赠黄村赵先生升靖安大尹序》记载，赵先生名曰公辅，一号黄村，湖北枣阳人，嘉靖三十八年(1559)中举后，就到达淳安县出任教谕，直到嘉靖四十一年(1562)考取进士且迁为靖安县知县为止，成为海瑞在淳安推行教育改革的最得力帮手。他一到淳安就去拜见海瑞，两人经过长谈，海瑞对赵先生为官做人的秉性很钦佩，赵没有因教谕"禄入不丰"即待遇低而松懈自己职责，反而以教谕为荣，"凡一言一动足为士子楷法"，淳安士人在他的影响下逐渐好学上进，"士习稍稍丕变"，赵也因此先后受到巡按周际岩、袁罗岩和崔春洲等上级领导的一致好评，得到"志向高洁，模范严整"的评价。

二、严格按章办事

清乾隆初年刊印的《明史》卷二二六《列传第一一四》开篇就是“海瑞”的传记，其中对海瑞在淳安知县任内的事迹着墨较多。人们从这篇传记中不仅可以了解到海瑞的清廉节俭，而且也能感受到他性格中的刚强正直、不畏强权的特质。海瑞在淳安知县任上曾两次按章办事，与权贵斗争，一是巧妙惩治总督胡宗宪的儿子，二是智斗都御史鄢懋卿。

《明史》作为清朝皇帝钦点士人修纂的国家级文化形象工程，代表着国家的态度与意志，其所说的话颇有说服力。在该书为海瑞立传中就记述了海瑞巧妙惩治胡宗宪儿子的事件：

> 胡宗宪子过淳安，怒驿吏，倒悬之。瑞曰："曩胡公按部，令所过毋供张。今其行装盛，必非胡公子。"发橐金数千，纳之库，驰告宗宪，宗宪无以罪。

海瑞不过是一个小小的知县，对于王朝官修正史来说，一般都会对知县事迹惜墨如金，一笔带过。但对海瑞在淳安为了一个驿吏而严惩总督胡宗宪的儿子，对他这种带有犯上味道的举动，反而给予了浓墨重彩的描述，反映了海瑞的行为受到了清代官方的正面肯定。与此同时，明代淳安百姓曾有幸耳闻目睹了海瑞在淳安期间亦智亦勇的光辉形象，他们通过口碑的形式一代又一代地演绎着海瑞及其与淳安的历史故事，使得海瑞的形象更加丰满。

胡宗宪何许人也？海瑞和他有什么关系？简单地说，胡宗宪是嘉靖年间对安定边疆最重要的一个官员，受到朝廷的赏识。他是安徽绩溪人，嘉靖十七年(1538)中进士。史书上讲他为人倜傥，不拘泥世俗之行，膂力绝人，尤善骑射，当机应变，谋略迭出，人莫能测。也就是说，胡宗宪是一个能文能武的人。平生好结交天下之士，尤好施予，故朋友特别多，且皆能为他效死力。少年时代有远大志向，崇仰岳飞、文天祥等民族英雄，每读其传记，无不悲歌慷慨，咏叹良久。他虽然和同时代所有知识分子一样，要走学而优则仕的道路，但他认为要学治国安邦的真本领，才能报效国家。为此，除儒家典籍外，他对兵家韬略之书爱不释手。嘉靖十九年

（1540），他出任山东青州府益都县令，从此开始了他的仕宦生涯。胡宗宪的一生以招抚东南海盗头目汪直、徐海而闻名朝野。

汪直，歙县柘林人，又名王直、汪五峰，号五峰船主。汪直姓汪还是姓王，历有争论。跟随胡宗宪在浙江沿海平倭的幕僚郑若曾辑录《筹海图编》（《明史·艺文志》记载《筹海图编》的作者为胡宗宪），称他为汪直，乾隆时纂修的《明史》也沿用"汪直"的名字。明朝朱元璋建国后，由于担心流亡海外的原方国珍、张士诚旧部与内地反明势力勾结起来反攻大陆，所以多次"申禁人民不得擅出海与外国互市"。这一政策既不让中国人出海经商，也不让外国人登陆贸易。外国商人擅自进入，当然以盗论处，而中国人一旦违反，则当众刺穿双耳，再犯则会被立即处死。

汪直年轻时做过盐商，但因明制森严，动辄触禁，汪直感觉不如到海外逍遥发财，因而转向海外贸易。嘉靖十九年（1540），汪直与人结伙到广东走私。嘉靖二十一年（1542），汪直在日本的平户建立贸易基地。嘉靖三十年（1551），汪直的私人贸易武装成为中国沿海势力最强的海商集团，拥有兵众二十余万人及载重120吨以上巨舰百余艘。

随着汪直海商规模的扩大，浙江一带的倭寇和海盗愈演愈烈，朝廷于是派足智多谋的胡宗宪赴浙江"总制"东南数省，以期平息海盗。这期间，汪直不断地向政府提出开放海禁的要求，但都未能获得朝廷的应允。汪直开始报复明王朝，不断率领包括日本人在内的海盗屡屡侵袭沿海地区，试图以武力迫使明朝官府答应他们的请求。胡宗宪派总兵戚继光、俞大猷率领官兵进剿汪直，先后取得了王江泾、平望镇、沈家庄大捷，汪直被迫退至日本。胡宗宪乘胜追击，利用汪直通商互市的心理需求，诱导其投降明朝，同时又将汪直母亲及妻儿作为人质，汪直不得已于嘉靖三十六年(1557)率商队回到舟山群岛，驻扎在岑港附近，并进入胡宗宪军营听命。但不久，朝廷还是将其拘捕杀害。

胡宗宪在平倭战争中功勋卓著，并晋升为兵部尚书，进入正二品官员行列，权倾一方，这也与朝中重臣严嵩对他的支持和栽培分不开。胡宗宪在浙江平倭期间，嘉靖三十四年(1555)，严嵩的义子工部侍郎赵文华奉旨到浙江祭海，"兼区处防倭"，后又"提督江南、浙江军务"。胡宗宪极力讨好赵文华，以攀附上严嵩，"独宗宪附之，文华大悦"。胡、赵联手对不顺从己意的右都御史兼兵部右侍郎张经等人弹劾迫害。因此，在朝中大臣们的眼里，胡宗宪属于严党，胡宗宪从此青云直上，步步高升。

《明史·胡宗宪传》简略记载胡宗宪通过赵文华结交严嵩，以及胡宗宪在官场之为人时，如此描述说：

> 宗宪多权术，喜功名，因文华结严嵩父子，岁遗金帛子女珍奇淫巧无数。文华死，宗宪结嵩益厚，威权震东南。性善宾客，招致东南士大夫预谋议，名用是起。至技术杂流，豢养皆有恩，能得其力。

在赵文华死后，胡宗宪又结好严嵩，馈重金进行贿赂。在严嵩被籍没家产时，其中就有胡宗宪所献的大量珍宝。投桃报李，胡宗宪的一掷千金自然讨得了严嵩的欢心，严嵩在胡宗宪遭到弹劾时，屡次帮他化险为夷。

浙江总督胡宗宪是当朝首辅严嵩的党羽及亲信。明代总督是朝廷临时委派到地方负责军政的最高长官，一般不常设，派出的文职官员大都带着都御史的头衔，表明是中央的特派监察员，驾凌于地方三司之上。派出的武职则以兵部尚书充当，级别相当高，是对地方军务的总负责人。换句话说，总督既是地方的临时最高长官，也是朝廷中拥有实权的人物。他们到地方办事，下级官员往往都是前呼后拥，争先恐后地曲意逢迎，谁也不敢开罪总督大人。

胡宗宪作为浙江的地方大员，而且又和朝廷重臣有密切关系，自然成为当时朝野炙手可热的大红人，其在浙江更是一位说一不二的最高首长。明代大思想家李贽曾经撰写过《太子少保海忠介公传》，其中讲到胡宗宪总督浙江期间，使用了“权甚重”三个字加以概况。胡宗宪在浙江的权力地位，大有传统社会流传的“一人得道，鸡犬升天”之势，跟随胡宗宪在浙江的家人及其奴仆，也个个不可一世、目中无人。他们偏偏遇到了刚正不阿的海瑞，在淳安的各种民间传说与故事中，就有海瑞智惩胡宗宪儿子的故事。

海瑞与胡宗宪儿子的交集发生在明代的驿站上。那么，驿站是什么东西？明代以首都北京和留都南京为枢纽，构建了纵横交错、联通全国各地的交通干线网络,类似于今天的国道或高速公路,沿途设立了许多驿站,也可以理解为官方交通网络上的休息场所,一般均有军队驻防,属兵部管理。驿站分为陆站和水站两种,陆站配有马、驴等畜力,水驿配有船只,驿站设有驿丞,下辖陆夫、水夫,制度较完备。马、驴来自民间,船只也来自民间。马、驴的草料,船上的装备,也全部来自民间。马夫、水夫当然还是来自民间,自备工食,三年一轮,周而复始。据光绪《严州府志》记载,严州府的驿站位于府东门外五里,设立于洪武初年,当时叫严州驿,洪武九年(1376)改名为富春驿。后屡遭火灾、水灾毁坏,又屡屡重建。据海瑞在《兴革条例 · 兵属》记载,该驿站的人员编制为:驿丞 1 名,水夫 8 名,负责递送马牌、塘报,快船水手 3 名,站差船 4 只,水手 16 名。除去马夫、水夫以外,各驿还有馆户,专为过往官差等人员筹备饭食,馆户也来自民间,自备工食。

据万历《严州府志》卷四《经略志》记载,明代严州府共有 7 个驿站,其中淳安县境内设有一个名叫新安驿的驿站。此外,淳安县尚有 19 个铺,分别是县前铺、山柏铺、施岭铺、合阳铺、大岭铺、茶园铺、知畴铺、蛇岭铺、塔航铺、港口铺、青山铺、铜桥铺、召石铺、养村铺、源口铺、云头铺、塔山铺、威平铺、梯股铺。每个铺有司兵 3 至 7 人不等,驻扎在铺里。其职责主要是用来传递公文,有点像今天的快递公司,有时也负责接待来往官员。据《兴革条例》记载,淳安全县铺司兵人数共计有七十多人,每名役银三两,但县前铺因

“紧急长递事府公文差，比别铺勤繁”，每名司兵多加五钱银子，后来又改为“各铺轮差”，海瑞取消了加收项目。一般来讲，遇有紧急公文，铺兵鸣铃接力走递，日夜急行 300 里，不得滞留延误。铺兵一般由附近农户“少壮正身”担任。

然而，海瑞在《兴革条例》中指出，本来铺司兵在力差中是最轻松的活，但为了鼓励铺司兵能按时完成传递公文的任务，所以给他们加银子以示鼓励。但淳安铺司兵的效率仍极为低下，送往府中的公文会经常被他们耽搁，“然查罚虽严，公文仍旧稽迟”。铺司兵由淳安县到省城传递公文有时竟然要一个月，来回即两个月，递至府城也要 4—5 天。原来铺司兵为了区区多出的五钱，都跑到县城等候递送公文，铺舍形同虚设。为此，海瑞在《兴革条例》中规定，每铺要留 1—2 人充当护送，一县传一县，“送者与在县递送者”可以轮流休息，这样即可以避免“稽迟”，也不会因疏忽而丢失，从而加快了递送公文的速度，为各项公文的处理赢得了时间。

明代初期所立的财政制度明文规定：政府财政预算并无旅费一项，即过境官员本人及其随从所需的食物、马匹和船轿挑夫，全部由地方负责。驿站在名义上由兵部掌管，兵部只发给旅行人员一纸勘合，驿站所在之处，即须按照规定供应。实际上，驿站所有的费用，仍然要划到各个县的头上。最初的时候，夫役还享有免粮的特权，从嘉靖二十七年（1548）议准以后，连这一点特权也被取消了，于是夫役不仅没有权利，只有义务，而且还要供给马、驴、船以及其他必要的配备。生活在驿站周围的人民，实际上没完没了地担负着国家驿站的种种工作。但在传统交通工具的局限下，要维护庞大国家版图的正常往来与运转，驿站制度无疑是一种较为理想的交通管制制度。明太祖朱元璋时，对于使用驿站已有种种规定，非有军国大事，不能随便使用驿站，即使是公侯、驸马、都督奉命出差巡视各地，其随带从人也有数额的规定。所以驿站的运转和民众的负担都还较合理。

但是，明中叶以后，随着官场和整个社会风气的急转直下，纵使有太祖时制定的驿站使用管理条例，但驿站的使用范围仍被无限制地放宽。明太祖时代，使用驿站的人员只有六个条例，到嘉靖三十七年(1558)扩充到了五十一条。也就是说，在五十一种情况下有关人员都可以使用驿站，使用者持有官府发给的勘合，类似于现代的边防通行证。勘合分为五等：温、良、恭、俭、让。北京的勘合由兵部发出，各省的勘合由巡抚和巡按发出。尽管填发机关相当有限制，但填发的事由则被大大放宽。兵部可以填发勘合送人，各省也可填发勘合送人。领用勘合的人，没有缴还的限期，一张勘合成为终身的通行证，不仅自己可以用，而且还可转赠亲朋好友使用，姓名不合，有人甚至擦去重填。领用勘合的官员，大都既不温良，也不恭俭，更谈不到礼让。

驿传制度伴随着明中期以后吏治的腐败，成为地方百姓最繁重的徭役之一，各级官员出行无不以轿马为必备，以驿站为传舍，而吃喝招待、非法盘剥，更使驿站不堪重负，驿传供办招待之费的开销更使驿夫难以承受。正德以后，官员出行，地方远道迎送、酒饭招待更成为一种风气。驿站的主要职责，“在传递使客、飞报军务”。其中“传递使客”即迎送招待过往官员，包括提供食宿、车船轿马，是驿站最沉重的负担。而这些负担最终都落在百姓身上，海瑞在淳安调查中，据老人说，近二十年民间比前二十年苦，负担重。近四五十年又比前四五十年负担重，这是因为用于招待官员的吃喝费用越来越多了。对此，海瑞不由得感叹道：“民间百端苦费，皆为过往使客也。过往使客如法当供应，百姓苦之，不得已也。”他认为，朝廷规定过往的费用之厚与对百姓之薄，这是非常不公正的现象，希望朝廷能像福建布政使司魏立峰、江西驿传道谭次川一样“凡使客过往，痛加裁抑”，加以改革。海瑞在《兴革条例》中也明文规定各级官员过往淳安的招待费用，一律从简。

那么，淳安县的驿站在迎来送往中又如何呢？淳安县是一个山区县，处于往来皖浙赣三省的孔道之上，尽管位于南北交通要道，但交通原本并不发达，后来因为国家抗击倭寇转运军需的需要，这里成为一个重要的交通重镇。然而，这一有利条件却使人民承担了太多不必要的为往来官员支出的旅费。过往淳安的官员本人及其随从所需的食物、马匹和船轿挑夫，全部来源于地方的赋税摊派。海瑞在《兴革条例 · 户属》中就谈到本来没有“驿递防馆夫”，也没有“额定水夫旧规银两”，但是，嘉靖年间，因为倭寇屡屡骚扰沿海地区，淳安“此路通行，上者下者络绎不绝，是以支应为繁”。不过，这些支应本县自己用的很少，“应上司用度多”。海瑞这里讲的支应，应该就是指驿站之费用。

据万历年间修纂的《严州府志》记载，明代淳安县城西有一个驿站，名叫新安驿，这是淳安县唯一的一个驿站。新安驿地处淳安县城西，旧名青溪驿，后更名锦溪驿。不过，新安驿到了万历年间就被裁减了。所以，到了明末，人们误以为淳安没有设立过驿站，时人黄秉石在悼念海瑞的《海忠介公传》中就说“淳无驿”，而且强调说，他的结论是专门在淳安调查所得，“问淳之人”，也没有人知道有驿站之事。这一结论当然有悖于历史事实。

交通发达并没有给淳安百姓带来好处，相反不必要的驿站旅费开支给人民带来了过多的经济负担，明人过庭训编纂的《本朝分省人物考》记载海瑞事迹时，提及淳安处于“新安下流，诸官舫日五六至，夫役迎送，费不可支”。按照官府的规定，凡是持有勘合的人员到达驿站，地方官都要为这些过客准备好粮食、柴炭、酒肉、人夫、轿马，以备他们使用。而驿站附近的民众为了逃避官员的勒索盘剥，有时宁愿出钱，也不愿意当差受气。民众根据应该当差时的道路远近，与官府讲明价值，索性缴纳银两了事。久而久之，官员们也就乘机提高费用，并视其勒索为应有的特权。其实，不管是水行也好，陆行也罢，所有的费用最后都转嫁到了老百姓的头上。海瑞经过调查，发现淳安附近几个县的官吏为了讨好过往官员，不断向百姓摊派，“剥民以媚人，多科而厚费使之”，而且接待的规格到后来愈益奢靡，老百姓不堪其扰，只好逃亡以躲避繁重的差役及其摊派负担。

那么，淳安方面是如何接待这些经过地方的官员呢？当时淳安的官场已经形成了一个不好的惯例，普通官员路过淳安，大概要用接待费二三十两银子；巡盐御史、巡按御史等监察官员莅临，要用银一二百两；如果遇到巡抚等大员则用银子三四百两来接待。据海瑞的《淳安县政事序》记载，淳安以前的地方官员也抱着“宁可刻民，不可取怒于上；宁可薄下，不可不厚于过往”的心态。按照海瑞的推算，上述这些接待费用远远超过了国家规定应享受的待遇，存在严重的超规格接待。因为按照有关规定，普通官员接待费一次不过五六钱银，御史驾到也不过九钱，即使是巡抚用在接待上的费用也不应超过一两银子。而淳安的地方官员为了巴结讨好上司，故意在接待上铺张浪费，借机大吃大喝，甚至从中牟利，已经到了令人瞠目结舌的地步。

淳安的陆路接待情况又如何呢？海瑞在淳安期间，曾经专门向上级机关写过一份报告，名叫《陆行禀帖》，其中描述了从严州府经过淳安抵达安徽歙县的陆路线路。从严州府首县建德县经淳安到歙县的陆路，原来只是“传递公文”的专线，“其路崎岖榛芜”，只能走人，不能走车马，基本上没有“使客往返”。沿途尽管有铺舍，但是这些铺舍只是作为传递公文专用的，晚上不能提供“公馆”住宿，白天也不能提供膳食，而且到了淳安，再往歙县方向走，“难行尤甚”。由于设施太简陋，所以这一条路“原少人行”。也就是说，这一条路，除了官府传递公文不得不走之外，几乎没有行人走。但到了嘉靖年间，这一条陆路突然和水路一样也繁荣起来，也是因为浙江沿海闹倭寇所致，“自杭、嘉、湖经有倭变至今，此路一通，来者源源不可复塞”。这里的通路，已经不单单是走人，而且也可以走马了，只是马行仍然十分不便而已。换句话说，就是马行的费用比较高，自淳安至歙县，“租一马用银一两”。

海瑞到达淳安上任，淳安的交通已经有了很大的改善，水陆通行，可以仍由官员据自己的喜好进行选择。有些不良官员于是就钻了水路和陆路费用差价的空子，明明走的是水路，但却要按照陆行马的价格折价，将多出的银子装进自己的腰包，用海瑞的话说，“过客以此为利，水行故作陆行折马有之”。海瑞经过调查发现这一问题，并立即下令，一般情况下只给船，不给马，以节省县财政支出。“卑县自到任以来，只给以船，不与以马，以此省费”。海瑞一再强调说，淳安至歙县，“路极崎岖”，平时行走租马为一两，一旦遇到紧急事情，“一马费银一两七八钱方可得”，有些地方甚至还要雇请轿夫抬，“价亦数倍”。关键是“上上下下，客亦苦之”，轿夫也不容易。所以“水行既省财费，客亦安便”。还有就是陆行，有时会遇到天气骤变，万一大雨，“山坑水发”，人的生命也会遭到不测，“陆行实是不便”，尤其是不经常走的过客，最好走水路，最为安全。

海瑞上任后，按照条例开始改变过去的做法，改革驿站制度，一切按制度办事，奉朝廷之命该“乘驿”的只按制度供应，节约民力和费用，减轻百姓负担，严格按标准接待，不管你是什么来头，只要不合制度的一概不供应。对吃拿卡要的官员毫不客气。海瑞对淳安驿站的革新，体现了为官一任、造福一方的为民思想。因为按照海瑞理解，淳安县的船、夫不仅足够，而且还要裁减，最大限度地节省费用，以减轻百姓负担。

其实，海瑞早在南平任教谕期间就曾受知县委托，试图处理非常棘手的驿传问题，他在做好教谕工作之外，经常深入实地调研，很快向官府提交了《驿传申文》的调查报告，指出首要的问题是裁革一切不合法的驿传陋规，百姓因陋规而负担太重，“应付不堪，必至逃避”，进而延误官府事务。更可怕的是“民不堪命”，出现“十室九空，聚为盗贼”的现象。如何解决驿传长期存在的弊病呢？海瑞撰写了《驿传议》一文，提出了不同的改革方案供官府选择。他认为关键取决于官员不贪不徇私，所有驿传的关文必须持有公牌票，地方才能支应，避免出现“滥行”现象，地方官员不要因怕得罪上司而有求必应。应该说，海瑞这时对社会不正之风的不满，只有建议权而无处理权。但这些经验为他在淳安知县任上全方位施展政治抱负奠定了基础。

当然，县级政府用于接待过往官员经费的超高，在当时的严州府相当普遍，甚至造成了地方财政无法运转的严重现象。海瑞到任淳安知县的第二年，写了一份报告《均徭禀帖》给时任严州府知府的韩叔阳，讨论“节用”，尤其是要求呼吁上级机构要爱惜民生，不要动不动就跑到下面检查，不仅不能给百姓带来好处，反而会制造更多的麻烦。海瑞自上任淳安知县后，一直在乡村调研，“访求民瘼”，结果发现“合县皆称近日夫马支用过多，上司派下馈送人情过厚”，老百姓为此向官输送银力二差已经到了极限，“憔悴日甚”。他委婉批评韩知府高高在上，不了解民情，只是一味以“过厚之心”去讨好“使客上官”。据说，韩知府曾因为建德接待费用紧张，希望淳安给予支持，遭到海瑞的拒绝。韩知府很不高兴，引用孟子“顺天者存，逆天者亡”的话语告诫海瑞跟上形势发展，但海瑞丝毫没有让步，反而告诉韩知府说，战国时代孟子所讲的顺天之论合乎时代发展的，但如今我朝是圣明在上，人才济济，我们都是读书知礼义的人，为什么还要强迫别人“非礼之礼、非义之义”？你有权力、有才华，完全可以在国家建设中起中流砥柱的作用，千万不要“从权枉道”。海瑞以非常诚恳的话语告诉韩知府，自己是出于一片好意才说出这些话，“区区愚诚，不敢昧没本心以事台下。矢心天日，敢自许为台下忠臣，无一毫欺慢掩隐”。

就在海瑞大刀阔斧地整顿淳安县驿传的时候，浙江总督胡宗宪的儿子带着一队人马到达淳安，在路过驿站时索要超规格的接待，可是驿站的人员知道海瑞刚直的性格，他们就按照海瑞在淳安颁布的《兴革条例》来接待胡宗宪的儿子，引起了胡宗宪儿子的不满，对驿站工作人员羞辱打骂，引爆了海瑞设定的雷区。海瑞以《兴革条例》和明朝有关法律为依据，巧妙地惩处了这位纨绔公子，再次让淳安百姓领略了海知县的正直。

海瑞在淳安严肃纲纪能否落到实处，关键还要看他敢不敢用《兴革条例》来接待比自己权力大的官员及其家人。海瑞以一个小小的知县说到做到，绝不食言，他带头执行自己制定的不媚上的第一把火，就烧在了自己的顶头上司——浙江省最高衙门总督府的公子身上，在处理整个事件的过程中也显示他不是一个遇事迂腐的人，而是一个非常讲究技巧的人。

海瑞的刚正秉性决定了他不可能与其他官员同流合污，也绝不会向任何不正之风低头。海瑞到淳安颁布的《兴革条例》极力反对下级对上级官员的谄媚。总督胡宗宪的儿子因为父亲的关系，在浙江境内招摇过市，每到一个地方都要向地方官索要钱财，招待也要超规格，稍不如意，小则打骂接待人员，大则到父亲面前告状，要求革了对自己不敬官员的职。尽管他没有任何官职在身，但因为他父亲的身份，从来没有地方官员敢公开与之对抗，一些府县官为了保住前程，反而拼命巴结他、讨好他，更助长了他不可一世的言行。

这一次，胡宗宪的儿子带了一帮狐朋狗友一路吃喝玩乐来到淳安县境内。按照以往官场的常规，官吏听说总督大人的公子要来本县游玩,可能早就预先安排一番高规格的接待准备工作,以此作为讨好自己上司的资本。其实,胡公子到了淳安的消息,也早就有人通报给了知县海瑞。可是海瑞在淳安县早已立下规矩,上级官员只要不是因为国家的公务活动,一律按照普通客人的标准招待,更何况这位公子还不是官员呢,顶多也就是官员的眷属,根本不在公费接待的范围。换句话说,淳安可以为胡公子提供方便,但由此产生的一切费用则由胡公子自理。

所以,海瑞对胡公子的到来,压根儿也没有想到过要公费接待,就像根本没有这回事一样,照常上自己的班。胡宗宪儿子到达淳安后,看见官方没有任何招待的仪式,只好自己临时投宿到县里的驿站,自己还在坐着等待淳安的官员来拜访他呢。他平时养尊处优惯了,对各地对自己的高规格接待也习惯了,一走进驿站就对这种类似今天招待所式的简陋住宿条件百般挑剔,极为不满。可就在这个节骨眼上,驿站的工作人员热情地给他送来了粗茶淡饭,胡公子一看到这么粗糙的饭菜,其愤怒之情一下子就爆发了,他破口大骂驿站人员在故意怠慢自己,并随手就把饭菜打翻在地。驿站负责人不紧不慢地告诉他说,这是海瑞在《兴革条例》中规定的接待标准。胡公子一听,更是火冒三丈,立即命令随从把这个顶撞自己的驿站负责人捆绑起来,倒吊在房梁上辱骂殴打。

驿站里的其他差役一看到胡公子这个阵势,谁也不敢阻拦,只好飞快地跑去县衙向海瑞报告。海瑞接到报告后,还是很吃惊,尽管他早就预料到胡公子可能会胆大妄为,但估计他不会太出格。他原本以为,胡公子无所事事到处招摇,大家都不去理他,官吏更不出面接待他,只是希望胡公子自己觉得没趣,想必会自动离开淳安。这样给双方都有一个台阶下。但海瑞万万没有想到,这个胡公子真的是作威作福惯了,仗着父亲的权势,竟敢因驿站招待简陋,就公开吊打驿吏,简直无法无天。海瑞想到此,顿时怒火中烧,但他随即就意识到不能草率行事,毕竟他是胡宗宪总督的公子,多少也要给胡总督留下一点颜面。他灵机一动,想出了一个两全之策,既可以惩治这个纨绔子弟,又可以避免给自己带来大的麻烦。海瑞的计策是不是真的高明呢?

海瑞在听完驿站差役报告后,故作镇静地对手下人说,总督大人在官场和老百姓的眼里一直是个清廉正直的大臣,而且他到浙江后曾经三令五申地指示各县在招待过往官吏时,千万不能铺张浪费。现在住在驿站里那个态度骄横、追求阔绰排场的花花公子,绝对不会是胡总督的公子。我想一定是一个来路不明的坏人冒充总督公子,到淳安县来招摇撞骗,败坏了胡总督的名声。海瑞故意装作越说越气愤的样子,立即命令衙门里的治安差役,携带家伙跟随自己到驿站拘捕这个“假冒”的胡公子。

海瑞率领捕快衙役飞马来到驿站,翻身下马快步走进驿站,只见驿站里排放着许多箱笼,上面都贴着官衙的封条。他命令衙役马上打开箱子查看,发现里面装的都是金银财宝,不禁再次怒从心起,大声喝道,哪里来的泼皮无赖,竟敢冒充是胡总督的公子,给我立刻拘捕拿下。众衙役听从海瑞的命令,一拥而上把胡公子摁倒在地捆绑了起来,随即带往县衙审问。

海瑞端坐在淳安县衙大堂的案桌后,身后的墙上挂着“明镜高悬”的巨大匾额,大堂内排放着各种审讯犯人时使用的刑具。他铁青着脸,命令衙役击鼓升堂,将人犯带进大堂审讯。胡公子走进大堂,仍目空一切,根本没有把海瑞放在眼里。海瑞对处理这事早已有了自己的打算,那就是必须好好教训一下这位不可一世的胡公子,省得他以后又到别处惹是非。他怒目而视胡公子,把办案用的惊堂木一拍,厉声问道:你是何人?竟敢冒充高干子弟到淳安骗吃骗喝,还敢不顾国法对国家公职人员的驿吏动用刑法?

不料,胡公子还未等海瑞说完,就仗着父亲的官势,暴跳如雷地对海瑞吼叫说:我爸爸是总督胡宗宪,你一个小小的知县,敢对我如此无礼!如果你敢动我一下,除非你不想要这顶县官的乌纱帽了?

海瑞万万没有想到胡公子胆敢在公堂之上如此嚣张,如此蔑视国法。看来今天必须要杀杀胡公子的威风。想到这儿,他再次把惊堂木一拍,厉声训斥,胡总督清明廉洁,绝对不可能有像你这样的不肖儿子。

胡公子依然强调自己的爸爸就是胡宗宪总督。

海瑞却一口咬定他就是假冒胡宗宪总督公子的骗子,并一本正经地说,你小子胆敢冒充是胡总督的儿子,应该是罪上加罪。

海瑞说完后,命令衙役先给胡公子一点颜色看看,把他拿下去杖责一番,以示惩戒。衙役们言听计从,将计就计,很快就将这个吊打驿吏的“假冒”胡公子裤子扒下,轮番在其屁股上狠狠地重打四十大板,这对胡公子来说还是头一遭,痛得他像杀猪般地嚎叫。

但胡公子毕竟平时要威风惯了,尽管屁股被打得开了花,但嘴巴还是很硬,大骂海瑞不知好歹,不识抬举,一再声明自己就是胡总督的儿子,要海瑞赶快放了自己,否则后果会很严重。

海瑞本来就是一位刚烈的汉子,一看这小子还这般无礼,更加火冒三丈。他决定将错就错,一面令手下衙役继续对胡公子用刑,一面和颜悦色地对胡公子说,你要是还不承认自己是假冒的胡公子,本县还要严加重惩。

胡公子直到这个时候才发现用自己父亲的名声真的镇不住眼前的海瑞了,顿时就泄了气。只好按海瑞的说法承认自己是假冒的胡公子,跪在地上连连叩头请罪,承认自己沿途诈骗钱财、吊打驿吏、咆哮公堂的种种罪行,并在自己的口供上签字画押。

海瑞见好就收,他下令衙役将胡公子一路收来的金银财宝,全部没收,然后做账上缴国库,《明史·海瑞传》对此记载说,“发橐金数千,纳之库”,说的就是这件事。

海瑞在公堂之上制服了胡公子后,又狠狠地教训了他一番,才让衙役把他及其随从一起赶出了县境。

海瑞知道,这事可能不会完。于是立即给总督胡宗宪修书一封,并连同胡公子的口供画押一起,派人火速送往省城的总督府衙内。

海瑞在信中说的大意,就是有一位年轻人在冒充总督您的公子,在淳安招摇撞骗,横行霸道,非法捆绑吊打驿吏,严重败坏了大人您的名声。为了维护大人您的声誉,经过本县审讯惩治,嫌疑人已对这一切都招供画押了。

胡宗宪看完海瑞的信,知道自己的公子在淳安吃了大亏,但海瑞却将事情做得滴水不漏,他暗暗佩服海瑞办事的缜密,因为海瑞在惩治自己儿子时,始终没有把自己牵连进去,而且处处说自己的好话,保全了他这个总督的体面,也维护了自己在官民中的好形象;他同时也佩服海瑞的胆识,因为他明白海瑞其实不可能不知道事情真假的,只是故意装作不知而已。等胡公子从淳安回到省城家中,向父亲哭诉在淳安的遭遇时,胡宗宪把海瑞的报告及其附上的口供画押拿给儿子看,胡公子才知道了海瑞先下手为强,他知道父亲一时找不到海瑞的把柄,也只好认栽了。

其实,胡宗宪很明白,海瑞对其子在淳安所作所为的惩治,于法于理,摆在台面上都是无可非议的。而且海瑞就事论事,不牵连其他任何人,已经表明了海瑞在处理事情时的克制。自己身为总督,如果因为这件事而故意刁难海瑞,反而会有失自己的身份,传出去则更加败坏自己的名声。他于是假装生气地教训一下儿子,让他以后行事要三思而行。

海瑞巧妙惩治胡宗宪公子的事，暂时就这样草草收场，不了了之了。

然而，海瑞怒责胡公子的事，还是由淳安县城迅速传遍了东南各省，尤其在淳安百姓中赢得了一片赞扬，因为他们早就对过往驿站的官员及其随从巧取豪夺恨之入骨，所以对海瑞怒惩这一类的“过客”，个个拍手称快。

也正因为海瑞在处理这件事上的机智灵活，所以在官修《明史》这样的正史中，也用相当多的文字记载了这件事。

说实话，胡宗宪在处理海瑞惩治自己儿子的这件事上，也显示了总督应有的大度，据《明实录》记载，胡宗宪是在嘉靖三十四年(1555)六月当浙江巡抚的，三十五年(1556)被授予兵部侍郎兼佥都御史，总督沿海军务。三十八年(1559)被御史王本固等弹劾，但嘉靖帝因其擒获汪直之功劳，并没有查办他。三十九年(1560)五月，他又被晋升为兵部尚书。而海瑞巧惩胡公子，应该就发生在这一段时间内。

这个故事后来经过民间的不断加工演绎，显得更加生动有趣。与《明史》的记载也有出入。对于海瑞惩治胡宗宪儿子的真实性到底如何？其实从明代开始就一直存在争议。明代大思想家李贽在为海瑞写的《太子少保海忠介公传》中也提到这回事，但故事中并没有胡宗宪儿子的角色，而是换成了胡宗宪家的仆人，“家僮过淳安,公无加馈,制府竟无让”。意思是胡宗宪家里的奴仆路过淳安,海瑞并没有馈送礼物给他们,胡宗宪知道后,也没有对海瑞有任何责怪。

其实,无论是胡宗宪的儿子也好,还是胡宗宪家里的仆人也罢,这一现象都反映明代嘉靖时期,一些高官的眷属及其家中沾亲带故的人,确实存在打着官员旗号,在地方享受不应有的待遇,从而带坏了地方官场的风气。

另一个明末人黄秉石在明万历时曾经担任过严州府同知,对海瑞之事做过实际考察和访问,他在《刻海忠介公集并纪传序》中说,“得亲质先生(海瑞)殊政于其郡淳安之人”。应该说,对海瑞在淳安的所作所为,他是相当明晰的,但他在撰写的《海忠介公传》中对这件事的记载,与李贽的意思差不多,“家族奴客过淳安,公多裁节其馈”。说的也是胡宗宪家里奴仆路过淳安,海瑞只是裁减馈送的礼物而已,并不存在惩罚事件的发生。

但是,黄秉石接着就叙述了在淳安百姓中流传的胡公子故事,他使用的语言是“予尝闻人言海令事”。这一铺陈说明,他下面讲的故事是听人说,而且是经常听人讲起的一个有关海瑞的故事。那么这个故事的内容是什么呢?用黄秉石的话说:

> 胡总制公子过淳安,怒其供应不备,鞭驿丞。公囚公子,使不得去,为文以请于胡。胡为好语俾出之,而对某郡守言曰:小儿受海令辱已甚,而尚言海令好人也。

黄秉石其实是将信将疑地记载下这一故事，并没有发表自己对此事真实与否的看法。海瑞同时代人王弘诲曾作《海忠介公传》、梁云龙也曾作《海忠介公行状》，他们对《明史·海瑞传》中所说的胡宗宪“子过淳安”事却只字未提。王弘诲为海南定安人，嘉靖四十四年(1565)进士，与海瑞是同乡，海瑞在北京上疏骂嘉靖皇帝时，曾专门找来在京的好友王弘诲，嘱托他如果自己因上疏而被杀，希望他在自己死后帮助料理自己的后事，并照顾好自己的家人。另一位梁云龙也是海南人，并且是海瑞的侄婿，嘉靖四十三年(1564)举人，但直到万历十一年(1583)才中进士，万历三十四年(1606)去世，其《海忠介公行状》完成于万历三十年(1602)前后，距离海瑞去世不过十五年左右。可见，海和王、梁关系非常铁，如果真的有胡宗宪之子过淳安与海瑞发生冲突之事，他俩肯定会提及。

但是，梁云龙在《行状》中提及的人却是鄢懋卿“子过淳安，索夫马不与，怒捉舆台，非理凌虐，甚至倒而悬之”。故事内容几乎与胡宗宪之子大同小异，只不过故事的主角换了鄢懋卿的儿子。

我们认为，这两个故事都有存在的合理性。因为胡宗宪是浙江地方最高官员，府上人多繁杂，其家僮奴仆经常路过淳安也是情理之中；其子路过淳安也不是没有道理的。淳安是出入徽州地区黄山风景区的重要通道，明代旅游风气在官宦之中很流行，这些官家子弟和奴仆路过淳安，极有可能是赴黄山旅游。但民间百姓为了突出海瑞的刚强正直，不断在海瑞与胡公子的冲突中加入夸大的元素，以致在明代就出现了各种传说。

嘉靖四十一年（1562）冬季，50岁的海瑞由淳安县令平级调任江西省赣州府兴国县知县。海瑞到兴国县上任后，并没有因为自己没有升官而闹情绪，他仍然以饱满的工作热情，投身到兴国县的建设中去。上任伊始，就根据他在淳安县的工作经验，“据所见所闻，事体有当兴当革者”，制定了《兴国八议》，请示上级领导批准颁行，八议包括屯田、地利、隘所、均赋役、红站马船、招抚逃民、哨官、革冗员等内容，重点仍是以改善民众生活为首务。

海瑞在任兴国知县任内提出的八议，充分展示了他一贯做人做事“言人所不敢言”的风格，保持了他在知县任上“强项县令”的美名。海瑞在兴国知县期间，最能体现他刚正不阿精神，也最令人称道的是他惩治地方显要人家的恶少。有关这一事件，海瑞自己在《申军门吴尧山并守巡道请改招详文》中有较为详细的记载，这也是海瑞在兴国时期为民申冤、不怕得罪上司的一个缩影。

南京兵部尚书张鏊，系江西南昌人，嘉靖年间进士，历任浙江提学副使，南京兵部尚书。退休后闲居在家乡南昌城内。其家人因为有了这个靠山，平素在社会上也极为嚣张，大家对之也是避之唯恐不及，海瑞也时有所闻。张鏊与海瑞的冲突是因为其侄子张豹、张魁依仗叔父的权势，小时候就与社会上的小混混们沆瀣一气，作威作福，无恶不作。一次，两人到兴国地区采购木材，在买卖过程中不仅欺骗敲诈村民的钱财，而且随意殴打与他们说理的百姓，气焰十分嚣张，兴国百姓纷纷到县衙状告两人。

海瑞接到状纸后，多次派差役去传讯张豹、张魁兄弟，但两个恶少气焰嚣张，根本不听官府的传唤，“皂隶唤之而不来”。后来，两人又自己突然跑到县衙跟海瑞大吵大闹。海瑞大怒，命令手下拿下两人并押解到赣州府。知府知道两个人的来历，居然不加审讯，就宣判两人无罪，释放两个恶少回家。

海瑞闻讯后，十分震怒，立即写信向上司乃至江西省府据理力争。海瑞说，根据百姓的指控以及自己亲自到民间社会调查，采取了“每逢人必问所以”的“详访”方式，得知张氏兄弟“无丝毫枉屈”，而赣州府判张氏兄弟无罪释放，不仅自己不能“心服”，而且“民冤之甚，而合县之人不心服也”。海瑞调查的结果是，之所以会出现张氏兄弟无罪的审判，是由于张鳌在得知案情后，曾经写信给海瑞求情，遭海瑞拒绝后，张鳌又给许多要人写了求情信，这些信件已经被投送到所有衙门，“无一衙门不重叠投递”，甚至连往来于赣州的达官贵人也被张鳌利用起来替其侄子说情，可见，张鳌在当时官场是一个很有势力的人物。

海瑞并没有因此而退缩，反而更加坚定了秉公办事的信念，要给老百姓一个说法。他写信给江西总督吴尧山，痛斥赣州府和分巡道在主审张氏兄弟案件中的徇情枉法，认为官场狼狈为奸、官官相护,不能公正审讯而是私通案情,给审讯工作带来压力,“张尚书居南昌,张豹犯事在兴国县,张尚书纵有神智,焉知千二百里外事”。张尚书之所以在千里之外的南昌对案情进展了如指掌,并不断托人说情,一方面为张氏兄弟在兴国“挟势骗财”提供了证据,另一方面也说明司法机关的腐败。问题在于,江西的地方官府在接到张尚书的信函后,因为畏上,居然置百姓的诉状和海知县的调查情况于不顾,判决张氏兄弟无罪,“张尚书遥度之言可信,本县申文乃无一字可信!”

其实,海瑞作为兴国知县,最初对张氏兄弟的审讯有控告、有物证、有旁证,原始案卷非常齐备。然而上级官府对这些并不重视,致使案件长久拖延,为犯罪分子内外勾结、托人情走后门甚至制造伪证提供了时间,张氏兄弟原本在兴国审讯时供认不讳的犯罪事实,到后来重金买通官府审讯时记录案情的“书手”篡改口供。所以赣州府赵推官在审讯时,无视兴国原判,一味徇张鏊私情,纵容张氏兄弟推翻在兴国的供词。最后,豹、魁被宣布无罪释放,逍遥法外。

海瑞依法问罪,但赣州府官吏却在张鏊请托串通之下,将张豹、张魁释放回家。这一结果既是对民意的强奸,也是对司法公正的亵渎。海瑞请求吴尧山总督能够站在国家和民众的立场上,“锄强抑暴”。海瑞斥责赣州官吏“视民冤而不为重,知奸发而莫一告,慢上残下,何以为民父母哉!”他不仅要求上级官府重新审理惩罚张氏兄弟，而且要追究涉案相关官员知法犯法的行为，使老百姓真正体会“王子犯法，与庶民同罪”的法律精神，决不能加深民众对社会流传“法可执于庶民，不可行于乡宦”的民谣印象。

海瑞向总督明确表示自己的态度，作为兴国的最高长官，他绝对不会“视民冤而不为言，知奸发而莫以告”，如果这个案件得不到公正的裁决，他将不会屈服于任何势力，而会继续为民众请命。海瑞请求吴总督亲自过问，以维护朝廷法制，替百姓申冤。在海瑞义正词严的据理力争下，张豹、张魁兄弟最后受到了应有的惩罚。这个大快人心的消息一传开，海瑞不徇私情，执法如山，不畏权势，体恤民情的为官之道，一直为后人所传颂，再次夯实了民众心目中的“海青天”形象。

据康熙《兴国县志》记载，海瑞在后来的公私事务中，曾多次路过兴国县，每次都会在兴国多停留些日子，兴国百姓也会争先恐后去看望海瑞，“兴民造谒，不介绍而前，家语户诵刺刺不休……公诚兴民之父母哉！”海瑞离开兴国四十余年后，兴国县百姓在该县为海瑞建祠纪念，此时已是明神宗万历年间，距海瑞去世已二十余年，时南通州知州王芮专门撰写了《海忠介公祠记》一文，客观真实地记述了海瑞在兴国为民造福的政绩，以致海瑞在离开兴国时，当地百姓恋恋不舍护送海瑞，出现了“老稚卧辙下，拥公车不得行”的动人场景，并且老百姓家家户户画海瑞像纪念他，

"绘公像而尸祝之者,遍阛阓无虚日"。可见他与兴国民众情深谊厚。历史一再证明:为百姓做了好事的人,百姓是永远不会忘记他的。

三、不阿谀巴结朝官

海瑞在淳安知县任内，嘉靖三十九年（1560）淳安发生大旱灾，他差不多每天都和百姓一起战斗在抗旱第一线。据说，就在抗旱的关键时刻，有一天，他突然接到了严州知府下发的公文，要求各县筹派10只龙舟、200名青壮年，在四月半前到府一带集中训练，因为总督胡宗宪在端午节要到严州府观看龙舟竞渡。海瑞看了公文后，心里很不是滋味，又不好对上司发怒，他据“民以食为天”的古训，决心“宁可负上，决不欺民”，随提笔给知府写了一首诗回应：

农村无闲月，五月双倍忙。

秧苗开五叶，桑蚕两寸长。

春忙一身汗，秋收万担粮。

民之父母官，划啥空闲船？

海瑞不但派人将信送到严州府，同时抄送给严州府管辖的六个县，希望大家联合起来，共同抵制赛龙舟活动。大家觉得海瑞言之有理，也都回文到府，推说五月农忙，派不出人来。严州知府也只好作罢，并具文呈报胡宗宪，龙舟赛不了了之。

赛龙舟确实停了下来，但知府催征钱粮却一刻也没有放松，据说，海瑞为此事曾三次亲自到严州府衙，呈说百姓的疾苦，要求知府减免淳安钱粮，但屡屡被知府拒绝。海瑞在回县衙的路上，见禾枯田裂，心中十分难过，低头思考如何才能让知府改变主意，不料却和一个身背枯稻草的老汉撞个满怀。海瑞因此想出了一条妙计，他让手下带人到知府住处高喊免征钱粮国税的口号，并把枯稻草一捆捆地甩进府衙，稻草很快就要淹没府衙，知府不得已只好答应免了淳安钱粮

淳安知县海瑞为了百姓的利益，严惩总督胡宗宪的公子，全然不顾这件事对自己仕途升迁的影响。这是海瑞与浙江地方最高长官的一次间接较量。

不过，海瑞这一次不畏权势的行为，毕竟不是和高官本人的较量，而是和其家属，属于间接斗争。如果真的遇到中央一级的高官

不按章办事,海瑞又会如何面对呢?他是否敢直接跟朝廷高官对抗呢?其实,海瑞一生都是以维护王朝统治为出发点的,凡是不能按照国家制度办事的官吏,不管其级别高低,他都敢勇于斗争。对海瑞来说,只要自己的行为能为百姓带来福利,即使是丢官罢职,也在所不惜。《明史·海瑞传》记载了他在淳安时勇斗京官都御史的一幕:"都御史鄢懋卿行部过,供具甚薄,抗言'邑小不足容车马'。懋卿恚甚。然素闻瑞名,为敛威去。"这是海瑞在淳安县令任内,顶撞级别最高的朝廷巡视大员,并因此而真的影响了自己的仕途升迁。在正史、野史和民间传说中,都留下了深刻的历史记忆,海瑞由此赢得了"强项县令"、"海阎王"的名号。

鄢懋卿何许人也?《明史·奸臣传》记载说,鄢懋卿系江西丰城人,由御史历官至都察院左副都御史,自恃有才,十分自负,善于投机钻营。时朝政大权由严嵩执掌,他极力巴结奉承,成为严嵩父子的铁杆亲信,也是严嵩党派的核心人物之一。嘉靖三十九年(1560),户部因为两浙、两淮、长芦、河东四地盐政管理混乱,准备选派一名朝中大臣前往"总理",严嵩遂极力向嘉靖帝推荐鄢懋卿,并得到嘉靖皇帝的批准。

在明朝的历史上,以一个大臣总理四地的盐政,这还是第一次,《明史》就这么记载说:"旧制,大臣理盐政,无总四运司者"。于此也可见鄢懋卿及其背后势力在朝廷中的分量非同一般。其实,鄢懋卿总理四地盐政,就等于掌握了天下财货大权的命脉,

“至是懋卿尽握天下利柄”。

为何说鄢懋卿总理盐政,就是掌握了“天下利柄”呢? 这里就得简单交代一下明代的盐政了? 所谓盐政,说白了,就是盐属于国家所有,由国家设置专门的管理机构,对食盐制造、流通等各个环节进行控制,而国家实现食盐专卖自然是为了财政,盐政是古代王朝财政收入的重要来源之一。明初太祖朱元璋时就注意盐政,在朝中置局设官,颁布盐法,规定商人贩卖盐,必须要持有国家颁发的“盐引”,就是类似于今天的营业执照,按照一定数额缴交税费,以解决国家的军费支出。

明代由于在北部边疆驻扎大量的军队,以防御蒙元残余势力的南下骚扰,为了解决边塞驻军的粮食问题,政府鼓励商人输运粮食到边塞换取盐引以获取贩盐权利,时称开中法。开中法大致分报中、守支、市易三步。报中是盐商按照明政府招商榜文要求,把粮食运到指定的边防地区粮仓,向政府换取盐引;守支是盐商换取盐引后,凭盐引到政府指定的盐场守候支盐;市易是盐商把得到的盐运到政府指定的地区销售。盐商们因在长途运输粮食的过程中会有巨大的耗费,就在各边塞雇用劳动力开垦田地,生产粮食,就地入仓以换取盐引,便于更多地获利。因这种形式的屯田是由商人经营的,故又称商屯,其兴盛对边防军粮储备以及开发边疆地区有一定作用。明宪宗成化年间,停止各边开中法,令盐商在户部、运司纳粮换取盐引。时皇室、宦官、贵族、官僚见持有盐引有利可图,纷纷奏讨盐引,转卖于盐商,从中牟利。这种现象愈演愈烈,破坏了开中制度,也严重影响了政府财政收入,改革盐法以弥补国家财政收入已势在必行。明孝宗弘治年间,户部尚书叶淇改旧制为商人以银代米,交纳于运司,解至太仓,再分给各边,每盐引输银三四钱不等,致太仓银多至百余万,国家财政收入骤增,但商屯逐渐遭到破坏。

明代在产盐的地方设置都转运盐使司,设都转运使一人,从三品,同知一人,从四品,副使一人,从五品。又置盐课提举司,设提举一人,从五品,同提举一人,从六品,副提举无定员,从七品。明初时期,盐政事务由户部兼理。正统元年(1436)始命侍郎、副都御史提督盐课,以后形成惯例,都御史遂成为代中央巡视管理地方盐政的最高长官。正因为如此,都御史鄢懋卿依附严嵩父子,南下提督盐课,所到之处,地方官员见了他,都得跪下来向他行礼,还纷纷送上钱财巴结讨好,“所至市权纳贿,监司郡邑吏膝行匍伏”。

都御史代表中央巡视各地,自然属于京官之列。明代在朝廷中设立都察院,作为国家最高的监察机关。都察院长官为左右都御史,下设副都御史、佥都御史。明永乐以后,以一省为一道,派监察御史分赴各道巡视,考察吏治,每年以八月出巡,称巡按御史。巡按御史品级虽低,如监察御史为正七品官,但号称代天子巡狩,充当皇帝了解地方官员和风俗的耳目,各省及府州县行政长官皆其考察对象,大事奏请皇帝裁决,小事即时处理,权力很大,地方官员职位的升降，皆由都察院和吏部共同商议。遇到大案要案时，都察院还有权会同刑部与大理寺共同审理，即所谓的三法司会审。职权可与省区行政长官分庭抗礼，知府以下均奉其命，往往大事奏裁，小事立断。

鄢懋卿御史一行人马出了京城以后，沿路的各地官员就开始忙活起来了。他一路上耀武扬威，地方官谁也不敢得罪他，并在招待上各显神通，以攀比为能事。首先是各地对鄢懋卿的饮食供应，“各处皆有酒席，每席费银三四百两”，喝的汤是“一道汤一进”，不敢有丝毫的怠慢，山珍野味一应俱全地供应着，就连上菜的盘子也非常考究，都是用黄金做成的高档餐具；其次是住宿招待，“供帐极华丽”，大约把地方上最好的设备都用来招待了。地方官员了解了鄢懋卿性喜奢侈的嗜好，为了充分让他享受高档次的服务，凡是鄢懋卿可能经过的地方，各级官府都划拨财政专款专用，大兴土木，临时为鄢懋卿装修高档华丽的住房，房间的厕所都用彩锦装饰，马桶则要镶金镶银，“文锦被厕妆，白金饰溺器”。鄢懋卿在巡视的过程中还大肆收受贿赂，也是尽人皆知的“秘密”。地方官投其所好，千方百计搜罗钱财送给鄢御史，鄢懋卿则是来者不拒，然后再将部分钱财送给严嵩，作为对严嵩父子提拔自己的好处费，“岁时馈遗严氏及诸权贵，不可胜纪”。

鄢懋卿不但自己奢靡异常，其老婆也是一位敛财的高手。只要鄢懋卿外出考察，都要带着自己十分贪财的老婆一起考察工作，做出一副夫妻十分恩爱的样子。鄢懋卿每次出行都要给自己的老婆安排当时最时髦的交通工具——轿子。为了显示鄢懋卿老婆的高干家属身份,他老婆乘坐的轿子也要装修得十分华丽,什么布料好看,就用什么布料装饰,轿子内外装饰得五颜六色,在阳光的照耀下金光闪闪,号称“五彩舆”。一般来说,能乘坐八个人抬的轿子,即俗话说的“八抬大轿”,就已经很威风、很满足了。可是在鄢懋卿夫妇看来,那显然不符合自己的身份,不够档次,为了显示自己的与众不同,鄢大人命人专门制作的五彩大轿,也命人专门从京城挑选了 12 个美女来抬轿子出巡四方。鄢懋卿的做法果然很有创意,很吸引人,每经过一处,路人行人均驻足观望,眼球都快要蹦出来了,“道路倾骇”。后人据此编排了戏剧节目《五彩舆》。

可是,鄢懋卿这个人或许有人格上的分裂症,总是讲一套做一套。他一路上虽然骄奢淫逸,极度奢靡,但在公开的场合,他表面上还一再强调要廉洁。据海瑞在写给鄢懋卿的《禀鄢都院揭帖》中说,鄢懋卿是一个口是心非的伪君子,言行并不一致。鄢懋卿这次出京是奉旨到南方各地巡视盐政工作情况,他在出京前,曾多次在各种场合谈论此次南下巡视责任重大,要求各地官员务必监督自己在工作中的一举一动。海瑞写给鄢懋卿信的内容就是从鄢的言论开始的。如鄢懋卿曾公开表示:巡视盐政的目的是一切要有益于盐政工作,要处处为国家盐政着想,并口口声声说自己“素性简朴,不喜承迎”,要求各地方官员在对自己及随从的住宿食用的接待规格上，一定要本着节约的精神，千万不要超标准接待，从而浪费国家和人民群众的钱财，“凡饮食供帐，俱宜俭朴为尚，毋得过为华侈，靡费里甲。”鄢御史还处处表现出要为人民利益着想的高姿态，他说“方今民穷财尽，宽一分则民受一分之赐，务须体谅”。单单从海瑞摘录的鄢懋卿这些话语来看，鄢御史想必是一个一心为民的好公仆，海瑞自己就认为在看到鄢懋卿的这些讲话后，非常激动，“仰知台下为民为国，言出由中，非虚设也。”因为在当时官场“喜谀恶直”，人们因为利益关系，个个都乐于阿谀奉承，没有人愿意讲真话，“乐于为谀，不乐于为直”，已经成为官场的通病。

但实际上，鄢懋卿夫妇的所作所为，与此完全背道而驰。他发现到地方视察有好处可捞，便借机经常下基层视察，每次视察盐政之时，都要按惯例装模作样地提前发放通知，要求地方官员坚持节约、节约、再节约，不要铺张浪费接待他。但地方官员个个都知道鄢懋卿是一个口是心非的家伙，谁也不敢得罪他，为了讨好他，地方官员甚至是挖空心思让鄢懋卿吃好喝好玩好。鄢懋卿除了吃喝玩乐还伸手敲诈勒索，仅仅在两淮盐商的重镇扬州就搜刮到几百万两银子。据《明世宗实录》记载，嘉靖四十年(1561)八月，南京一个叫林润的御史向嘉靖弹劾鄢懋卿，列举了其在总理盐政过程中的五大罪状，一是“要索属吏，馈遗巨万”，二是“滥受民讼，勒富人贿”，三是“置酒高会，日费千金”，四是“虐杀无辜，怨咨载路”，五是“苛敛淮商，几至激变”。这些罪状概括起来就是捞钱花钱。以两淮盐商为例，他们原来每年只要向国家缴纳 60 万两银子，可是鄢懋卿来了之后，莫名其妙地增加到了 100 万两还要多，差不多比原来多了一倍，盐商苦不堪言，几乎就差起来造反了。后来，鄢懋卿走了，两淮盐商缴纳的银子又回落到 60 万两。鄢懋卿一旦对地方官的接待不满意，就会说你藐视钦差，反抗朝廷，图谋造反，轻则吊起来毒打一顿，重则直接削去官职，发配充军。一路下来，不知道有多少地方官吃了哑巴亏，被他敲了竹杠。尽管有人弹劾鄢懋卿的罪状，但由于他在朝中有严嵩撑腰，嘉靖皇帝也无可奈何，“帝置不问”。九月，鄢懋卿反而升为刑部右侍郎。直到嘉靖四十一年（1562）六月，广东道御史郑洛再次弹劾，鄢懋卿才受到处分，“得旨，令闲住”。

按照常规，地方官员鉴于鄢懋卿以都御史的特殊身份总理四地盐政南下考察，可以直接关系到自己的仕途升迁，且有如此重要权力的官员来自己的地盘视察，也是地方官求之不得的好事，所以，一路上鄢懋卿受到了各级官员的热情款待，自己也十分得意。但是，嘉靖三十九年（1560）三月，当鄢懋卿一行浩浩荡荡向淳安县开进的时候，却意外地收到了海瑞的一封信，婉言谢绝了他的到访，鄢懋卿也只好灰溜溜地改道。

浙江是江南地区的经济富裕地区，鄢懋卿到浙江各地视察，敲诈勒索的手段也更加出位，每到一地，排场之阔绰难以形容，所有官吏都为他忙得团团转，唯恐得罪了他而断送了自己的前程。《明世宗实录》记载说，“鄢懋卿以盐法都御史巡行郡县，所至招权赫财，叱咤风云”。当各地官吏听到鄢懋卿要来本地视察的消息时，个个都很犯愁，不知道如何办理。因为鄢懋卿本人又装出一副奉公守法的榜样，即使送钱也要很考究。就在鄢懋卿一行还差一天就要抵达严州府，严州知府韩叔阳下令各地赶紧按最高接待规格准备，“盛为供具以待”，可是就在这个节骨眼上，鄢懋卿收到了海瑞的信，决定不来严州府了。那么，海瑞写给鄢懋卿的信都说了些什么，为何鄢懋卿收到信后，不敢进入严州府呢？

海瑞听说鄢懋卿要到严州府，并且还要来淳安县，他立即给鄢懋卿送去了一封不卑不亢的信，信中痛恨地指出，鄢大人所为“与台下颁行条约大悖戾”，你出了京城以后的所作所为根本就不像出京前讲话那样，以致引起地方官员争相攀比高规格接待你。你一路上讲究排场，耀武扬威，地方官在招待上也各显神通，互相攀比，对你一举一动的消息也极灵通，不断派人打探清楚各地接待你的标准和菜品，花样翻新地想办法讨好你。

海瑞在信中说，这些并不像你自己所说的俭朴，而是奢侈铺张，花天酒地。各地官员为了阿谀你，担心接待不周，广泛发动衙役四处采购物品，“极意买办”，弄得百姓怨声载道。我如果照你所说的去办，又怕有怠慢之罪，如果铺张奢侈地接待你，又害怕违背你体恤百姓的好意。淳安县太小，没有财力来高规格地接待你和你的夫人，即使敷衍接待，恐怕又难以让你满意，你还是从其他地方路过比较好。海瑞在信中还一针见血地指出，虽说盐法败坏，给社会带来危害，但你奉旨考察盐法所产生的危害比盐法之害更大。我最讨厌向老百姓摊派增加赋税，用民脂民膏来讨好、取悦你们这些高官过客。那些花大价钱招待你的钱财，都是想讨好你的官员“以朝廷为口实”，临时向老百姓摊派，这实在是欺君害民的大罪啊！

海瑞在信中故作恳切地询问鄢大人是否真的要路过淳安，如果路过，淳安县应该以什么规格来接待？请鄢大人作出具体指示。鄢懋卿看到这封信后，知道海瑞故意揭他的底细，恼怒得咬牙切齿。但他也早就听说海瑞是个铁面无私的硬汉子，并且也耳闻总督胡宗宪的儿子不久前在淳安县就吃过大亏，害怕自己和海瑞对立，在淳安县会很难下台，自己也犯不着去碰海瑞这个钉子户，只好临时改变主意，绕过淳安县，到别处去巡视了。《明史·海瑞传》记载说：“抗言邑小不足容车马。懋卿恚甚。然素闻瑞名，为敛威去。”说的就是这件事。

海瑞明知鄢懋卿的作为，却装傻充愣不买账，像铁公鸡一样一毛不拔。看到鄢懋卿很快就要到自己的地盘拔毛来了，他就气不打一处来，于是先下手为强，派人暗中调查鄢懋卿这次南下视察到底搜刮了多少钱财，各地为了款待他又花费了多少银两，然后将这些情况整理写成一份报告并夹着自己的亲笔信寄给鄢懋卿。信中不无讽刺地说，各地如此铺张浪费逢迎鄢大人，是把鄢大人一贯提倡的俭朴节约当耳旁风，是故意往大人身上抹黑，败坏大人清正廉洁的光辉形象。我为这帮家伙感到羞耻，他们为什么就不能站在大人的角度替大人着想呢？鄢懋卿看着海瑞的报告尽管很恼火，但表面上还一再表扬海瑞做得好、做得对。从这件事上，也可以看出海瑞敢于斗争，善于斗争。他以耳闻目睹的事实，戳穿了鄢懋卿言行不一的把戏，为淳安百姓赢得了安宁。

据说，鄢懋卿接到海瑞的信，临时决定绕开淳安以后，严州知府韩叔阳在得知鄢懋卿之所以取消来严州府的决定，是因为海瑞写信讽刺挖苦的结果，担心海瑞的做法会给自己以及严州府百姓带来祸患，对海瑞十分恼火。他告诉手下马上通知各知县到府里召开碰头会，商讨补救的办法。韩知府走进会场一看见海瑞，就满腔怒火地拍着桌子，冲着海瑞劈头大骂："几大官，敢尔！"意思是说，你海瑞算老几，在严州府的官场还轮不到你说话，你的胆子太大了吧。韩叔阳滔滔不绝地骂了一会儿，海瑞一脸严肃地听着上司的训斥，不作任何辩解。他知道辩解也没有用，反而会使得上司更恼怒，他也知道自己不适合参加这个会了。

等到韩叔阳骂累了，气也稍稍消了，海瑞站起身来，非常礼貌地向上司作揖离开会场，始终没有说一句话。后来鄢懋卿并没有给严州府的官员制造麻烦，"严诸官故无害"，大家又不得不佩服海瑞的胆量。知府韩叔阳见到海瑞，也带有歉意地赞扬海瑞给淳安百姓办理一件好事，"好了淳安百姓，难为汝！难为汝！"而李赞在《太子太保海忠介公传》则说:“藩臬郡守闻之股栗,曰‘令何憨,几累我辈矣’。”藩臬为浙江省级官员,藩指藩台,为布政使的俗称,从二品官,管理全省的民政和财政;臬指臬台,为按察使的俗称,正三品官,掌管一省的刑狱。

但是,鄢懋卿并没有放弃整治海瑞的念头,回到北京之后,越想越恼怒,自己却不敢公开报复,暗地里叫人告诉自己的同党袁淳说,不去掉海瑞这个官场中的愣头青,我们这些监察御史以后还怎么干活啊!鄢懋卿的原话是:“不驱海强项,何以持风宪体乎?”嘉靖四十年(1561),袁淳受鄢懋卿的指使,又到淳安视察工作,但一路上不敢再大张旗鼓地索贿,海瑞按照规定接待了袁淳,但仍然是“迎送不远,供应不隆”。袁淳回到北京后,想了想也十分恼火,于是在嘉靖皇帝接见时,捏造种种不实之词,狠狠告了海瑞一状,嘉靖皇帝也不问青红皂白,居然照单全收了鄢懋卿同党的捏造。

海瑞受到鄢懋卿和袁淳的打击报复并没有停止。嘉靖四十年年末,海瑞49岁,很快就会进入“知天命”之年,也到了一个任满升迁的关口。按惯例,这一年年底,他要进京接受考核,他试着给到过淳安的巡按御史袁淳写了一份申文,类似于今天下级向上级打报告,目的是申请到北京接受吏部的考核。在海瑞留下的文字中,我们没有看见他最初给袁淳的申文内容,只是看见了《给由申文》,又称《禀袁察院揭帖》,又名为《申盐法察院袁文》,这里的“由”就是介绍信或证明信一类的东西。这是海瑞在看到袁淳在自己申文上的批语后，再次写给袁淳的报告，主要内容就是驳斥袁淳对自己的诬蔑不实之词。袁淳的批语中有“知县海方呈给由而已为升任之状，倨傲弗恭，不安守分”，认为海瑞的申文，就是为了要升官而已。袁淳在批语中还有更难听的话，“汝即欲学府官样，还未？还未？”大意是说，海瑞还不够当府一级官员的资格，你现在就想学府官的派头，还早着呢！还早着呢！当然，袁淳的批语最终拒绝了海瑞进京考核，“不准考”。海瑞也就只好在淳安待命。

据说，后来吏部暗中对海瑞进行考核，觉得不错，内定升任嘉兴府通判，官升一级，正准备移交工作。可是袁淳得知后一再从中阻挠，并不断向嘉靖皇帝投诉，嘉靖皇帝下旨，嘉兴府通判志大才疏，刚愎自用，海瑞差一点就被免职。后来由于在福建曾当过海瑞上司的朱镇山已任吏部侍郎，极力向吏部尚书推荐，海瑞才被调任江西兴国任知县，级别不变。海瑞这次与鄢懋卿针锋相对的斗争，使得鄢懋卿言行不一的丑行暴露于天下，体现了他刚正不阿的可贵精神，海瑞的行为再次受到社会各界的好评，因此获得“强项县令”的美名。

还有一点需要说明的是，鄢懋卿此次是否到过淳安？历来说法不一。一说鄢懋卿没有到过淳安，雍正时期纂修的《浙江通志》记载说，海瑞给鄢懋卿写信后，鄢懋卿就“迂道去，不过严（州）矣”；李贽在《太子少保海忠介公传》也说，鄢懋卿将往安徽齐云山游览，下一站就将进入淳安县，路上收到了海瑞的书信，看完信后，“色变，久之，遂罢齐云行”；明人尹守衡著述的《明史窃·海瑞传》

记录了一条与众不同的史料，鄢懋卿将要经过严州府时，曾经派自己最亲近的家仆进入淳安，结果海瑞把这个人抓了起来，“鄢恨甚，迂道去”。但也有说鄢懋卿到过淳安，如《明世宗实录》就说，鄢懋卿“比至淳安，供甚薄”，他自讨没趣就离开了淳安；乾隆《淳安县志》也说，鄢懋卿“至淳（安），（海）瑞供帐甚疏”，鄢懋卿十分恼怒离开淳安。乾隆时刊行的《明史》也采取了此说。主张鄢懋卿到过淳安的人，主要依据是《明实录》，因为该书成书最早，资料来源又多是第一手的档案，可信度最高。同时，海瑞在《协济夫役民状申文》中曾写道：“第淳安县路当徽饶，使客骆绎不绝，据本省论，盐法察院出巡徽州，此必由之路。”也就是说，如果鄢懋卿曾经出巡至徽州的话，经过淳安是没有问题的。主张鄢懋卿没有到过淳安的人，其理由在逻辑上也是说得通的，因为根据海瑞亲自撰写的《禀鄢都院揭帖》来看，鄢懋卿应该是在抵达淳安前收到这封信的。这两种说法究竟哪一个说法比较接近历史事实，在尚未发现新史料之前，只能存疑。

海瑞与鄢懋卿、袁淳等京官的斗争，各种官方文献的记载只是说海瑞通过书信的方式和鄢懋卿间接进行了斗争，但是在淳安老百姓的历史记忆中却将其演绎为面对面的直接斗争，有关海瑞的各种民间传说，通过口述史的形式，代代相传，至今还在淳安民间流传着“海瑞背纤”、“伐竹挡舟”的故事，就是百姓对海瑞不畏强权，与鄢懋卿、袁淳之流斗争的历史记忆。这些传说非常生动有趣，虽与正史记载有不少出入，但也确实能反映淳安人对海瑞胆量和智慧的钦佩。

“海瑞背纤”说的是海瑞智斗鄢懋卿的故事。话说鄢懋卿借巡查盐政为名，沿途敲诈勒索，大肆敛财。这件事很快就传到了淳安县，县衙里的县丞、主簿、衙役以及幕僚等劝海瑞早点准备礼品，以打点鄢懋卿，免得被鄢大人暗算。海瑞却不慌不忙、成竹在胸地说服手下不要担心，他自有办法对付鄢大人。至于什么办法，暂时还得保密啊！搞得手下丈二和尚摸不着头脑。

一天，鄢懋卿的官船进入淳安县境，鄢大人在京城时已经听说过海瑞为官清正、铁面无私的名声，而且他的领导严嵩也嘱咐他少招惹海瑞，但鄢懋卿还是想和海瑞过一招，以显示自己的身份非同一般。他派手下旗牌官到淳安县衙通报海瑞，说鄢大人的官船马上过境，速派 500 名民夫拉纤，其他各事一律尽免。

旗牌官可能是狗仗人势惯了，到了县衙就摆出一副钦差旗牌官的样子，大模大样闯进大堂，颐使气指，命令海瑞火速派 500 名民夫前去拉纤，如有延误，小心脑袋。海瑞听完火冒三丈，但转念一想，还是想个办法先整整这个倚势欺人的狗奴才。海瑞把惊堂木一拍，命令衙役说，把这个冒充公差、咆哮公堂的罪人，给我绑起来重打四十大板！衙役立即将旗牌官放倒重打四十大板，然后轰出公堂门外。旗牌官拖着伤残的腿回到鄢懋卿船上交差。

鄢懋卿看到旗牌官被打成这般光景心想，海瑞啊，你打狗还要看主子呢，大小我还是一个堂堂的钦差，你一个小小的七品芝麻官难道就敢这么放肆。给你台阶你不顺着下也就算了，还拆我的台。鄢懋卿越想越气愤，实在咽不下这口气。这时他把严嵩的警告早已抛到九霄云外，决心要亲自教训一下海瑞。鄢懋卿乘坐的官船一到淳安，就立马摆开钦差的招牌，直奔县衙升堂，来势汹汹，准备判海瑞一个目无纲纪、藐视京官之罪。

海瑞早有了对策，他不慌不忙随手呈上了旗牌官在县衙写下的口供。口供上都写了什么呢？鄢懋卿拿过来一看，也傻了眼。原来旗牌官为了显示鄢懋卿的派头，将鄢懋卿一路如何纳银收礼、花天酒地的事，一股脑儿都说了出来。海瑞说，我清楚地记得，大人出京的告示牌上明明写着“素性俭朴，不喜逢迎”，而这家伙居然在公堂上当众叫嚣，实在有损您的声誉，故擅自做主将他重责，以缄其口，实是为了大人您着想！

鄢懋卿听海瑞说得头头是道，句句在理，一时没了主意，只得回头瞪了旗牌官一眼，假装正经地说，这小子无礼，应该重打。但心里还是不愿就这样输给海瑞，再次以钦差的口吻命令海瑞，明早一定速派 500 名民夫前去背纤，他要急着去为朝廷办事。海瑞明知他故意刁难，但不想正面揭穿，只得点头唯唯应允。第二天一早，鄢懋卿起床后，发现根本没有民夫前来拉纤，正要发怒。这时只见海瑞头戴乌纱，身穿布衣，腰系麻带，一只脚穿靴子，另一只脚穿草鞋，带着十几个衙役急急忙忙地朝官船走来了。海瑞一边走，一边开始卷起裤脚，一边向鄢懋卿解释说现在是农忙季节，根本就派不出民夫来为大人背纤，只好领着三班衙役前来，亲自为大人背纤。说罢，拿起纤板，拉起纤绳就要背。

鄢懋卿一看这架势，暴跳如雷，大骂海瑞不识抬举，令人把海瑞头上的乌纱帽给摘下来，然后再给自己背纤。海瑞一反刚才的笑脸，大声呵斥说，我海瑞一不贪赃，二不枉法，凭什么理由摘去我皇封的官职！鄢懋卿回敬说：你头戴乌纱，脚穿草鞋，官不像官，民不像民，你这身打扮是亵渎朝廷、践踏皇封，理该革职！海瑞反驳说，我头戴乌纱是效忠皇上，脚穿草鞋是为民着想。而你鄢大人身为大臣，竟然比皇帝架子都大，强迫皇封官员为你背纤，胆敢凌驾万岁之上，该当何罪？海瑞又引用大明法典指出，京官出巡只准带随从侍卫，官船只准五只而已。而你鄢大人借出巡为名，携带眷属舞姬，官船数十，劳民伤财，显然违反了大明法典，本县就可以拒绝派差。

鄢懋卿理屈词穷，气得拿出尚方宝剑，要将海瑞就地斩了。海瑞见这架势，依然镇静自若地说，尚方宝剑只是用来斩贪官污吏、乱臣贼子。而我海瑞一不犯上，二不欺民，三不贪污勒索，四不违法乱纪。你不能斩无罪之官员。

鄢懋卿一听，随口说道，难道尚方宝剑是用来斩本官不成？海瑞马上接话说，这也未尝不可。他扳着指头对鄢说，皇上命你巡视盐务，安抚百姓，你却一路贪污受贿，搜刮民财。你的船上装着什么，你心知肚明，我也打听得一清二楚。今天，我海瑞拼着一命，和你一起进京面圣去评理，看看到底是谁贪赃枉法。鄢懋卿被海瑞说得无言以对。这时四面八方老百姓扛着锄头扁担赶来围观，淳安县的衙役们也怒目而视，鄢懋卿心想不妙，怕海瑞揭了他的老底，引起民愤，局势就难以控制了，只好低声下气地对海瑞说，本官不与你计较了，我还得去办公事呢。他命令众侍卫和家人一起下船拉纤开船跑了。

正史和传说。究竟哪一个比较接近历史事实，鄢懋卿到底有没有到过淳安，尚难定论。尽管如此，海瑞抗言都御史鄢懋卿所表现出来的那种不畏权贵的刚直不阿的精神，确是有口皆碑的，而且一直为淳安百姓代代相传。

而淳安百姓口口相传的“伐竹挡舟”故事，说的是海瑞和御史袁淳的一次正面交锋，是真是假，读者自己评判。海瑞在淳安当县令时，有一次，从徽州顺着新安江下来三只大船，自称是贡船。码头的水哨打出旗号，要船靠岸检查。可是这三艘船不听号令，反而扬起大帆顺风而去。水哨见其不听号令，连忙到县衙去禀报。海瑞听罢不由大怒，心想来往船只哪有不停舟检查之理？他带着衙役飞奔码头，乘上一只轻便的小船，带了水哨，一路追赶。终于拦在大船前，海瑞站在船头，命令立即上大船开舱检查。可是一检查才发现，这些船上装的都是清一色的赤色花盆，里面栽有各种花草，海瑞一时感到难以收场。正在迟疑之时，从船尾钻出一个人来。海瑞一看，不是别人，正是严嵩和鄢懋卿的党羽巡盐御史袁淳。海瑞赶紧搭着笑脸说，这是朝廷规矩，本县职责，不听水哨号令靠岸检查的，一律要作罚银处理。请袁大人海涵！

袁淳听了哈哈大笑，你要罚银，我袁某人为官一身清！如果你非要不可，自己拿一盆花，聊以充作银两吧。不然，我可要开船走人了，皇上还等着呢。海瑞看袁淳来头不小，再说自己一时也抓不到把柄，只好顺水推舟地去捧花盆。袁淳万万没有想到海瑞真敢去捧花盆，大声喝道海瑞胆大包天，竟敢搬动献给皇上的贡花，是不是要犯欺君之罪。海瑞见是装贡花的船，只好放他过去。

海瑞看着扬长而去的大船，心里很不是滋味儿。回到县衙，他还在细心琢磨，既然是装贡花的船，袁淳为何不让检查呢？为什么我去拿花盆，袁淳神色那么慌张呢？他突然意识到花盆里一定有鬼。他决定立即备船去追袁淳的船，再仔细检查花盆！正在这时，一个县吏前来报告，杭州急需的毛竹已经催了好几次了，何时才动手砍伐？海瑞一听，心里顿时来了主意。他立即拟好公文，吩咐火速快马赶到锦溪乡，要求在天黑前砍好一万根毛竹，并全部投入新安江内。锦溪乡接到公文，发动了数百人上山砍竹，仅用了一个多时辰，就砍了一万多根毛竹，尽数投入新安江最窄的铜官水道内。一时间，江中大小船只难以通过。

此时的袁淳以为闯过了淳安县城这个关卡，就可以平安无事了。他在船上摆开酒宴开怀畅饮，但很快就有手下禀报，前面满江都是毛竹，河道阻塞，大船过不去了！袁淳大吃一惊，没想到还会遇到这种突发事件,走到船头往下一看目瞪口呆,满江毛竹堵了大约一里多路,有些民工还在往水里放竹。他一打听才得知这里是锦溪,还属于淳安县管辖,心里不觉发毛了。不过毕竟是京城里出来的人,见过大世面,只见袁淳整理了一下官服,清了清嗓子,对着那些搬毛竹的民工大喊,我是京里的巡盐御史袁淳,奉皇上圣旨火速回京,望大家把毛竹拖开让船通过。如果谁敢说一个不字,格杀勿论!可这些民工根本不理会袁淳,告诉他这些毛竹也是朝廷急用之物,今天一定要扎好,延迟不得。袁淳一听,糟了,若是今晚出不了淳安县城,万一海瑞再来,那就麻烦大了。袁淳心里暗暗叫苦,摸了摸口袋,对民工们说,现在若是让道,放船过去,每人赏银三两。

三两银子在当时可不是个小数字,一个普通百姓,辛苦一年也不一定能赚到三两银子。但民工中有人回话说,淳安虽穷,可有骨气,绝不要不义之财!要不,你用船上的花盆赏我们吧。袁淳心想,花盆里可有我藏的金银,怎么能给你们这些人。转念又一想,这些泥腿子懂个啥,给花就给花,等以后他们发现了金银,我已经到了京城,还怕什么。于是对民工们说,只要让道,马上送花,可以随便拿一盆。这时海瑞派出的混在民工中间的衙役立即上船捧了一盆花,一边吩咐众人拢竹给袁淳让道,一边捧着花盆向锦溪乡跑去。

原来海瑞在衙役往锦溪送公文时,已经交代衙役怎么做了,那些村民也是衙役事先安排好的。他自己随后带着衙役骑马赶到了锦溪,海瑞接过花盆一掂,觉得很沉,于是倒出泥土一看,盆底果然藏着金银元宝。海瑞马上带衙役来到江边，劈头就问袁淳为何出尔反尔，上午不让我动贡花，说是有欺君之罪，现在反而把贡花赏给一个民工。袁淳一见海瑞，额头就渗出汗珠了，结结巴巴地说，这里面有几盆是我带回去装点花园用的，海大人要是喜欢，我也奉送几盆。海瑞欣然笑纳，马上就去动手捧花。袁淳巴不得海瑞早点离开，连忙吩咐家人将海瑞要的花盆搬下去。海瑞却故意客套要自己去捧，两人推来推去，结果花盆掉在船上碎了，里面滚出了金银元宝。袁淳当时就吓晕了。海瑞痛斥袁淳身为重臣，不知自爱，整日鱼肉百姓，搜刮民财，挥金如土。在事实面前，袁淳无法抵赖，只好承认这是他在奉旨巡盐之际，从各地搜刮来的财宝，因怕关卡发现，才藏在花盆之中。

在今天淳安县城的杭州千岛湖度假村门前，还保存着着四只明代石缸，据说就是海瑞当年截获袁淳用来转移赃银用的石缸。

海瑞因上《治安疏》而被打入天牢，他出狱后在政治上的一帆风顺和徐阶的竭力提携分不开。徐阶是嘉靖、隆庆年间一个重量级的政治集团首领人物，他在节操上比严嵩清正，在作风上比高拱、张居正温和，但在党同伐异这一点上并无二致。严嵩被惩办后，徐阶继任首辅，清除了朝廷中的严党，法办了许多献丹药、造天书的方士，减免了天下的赋税。因此，在海瑞心目中，徐阶是一个正人君子，对自己有救命和提携之恩，于是在不知不觉中向徐阶靠近，在大理寺丞任上，自然也免不了参加了徐阶和高拱之间的政治纠葛。高拱，河南新郑人，曾任编修、侍郎等职，嘉靖时期，当严嵩与徐阶争斗时，高拱持中立态度。徐阶引高拱入阁后，高拱踌躇满志，对徐阶也不太尊重。不久有人弹劾高拱，高拱误以为是徐阶指使，和徐阶结了仇。嘉靖去世，徐阶把内阁中的高拱踢开，和张居正一起草拟遗诏，高拱于是指责徐阶揭嘉靖之罪昭示天下，两人公开破裂。这时候，朝中一些大臣也见风转舵，不断上疏抨击、弹劾高拱，高拱与徐阶结怨更深。不久，广东道试监察御史齐康弹劾徐阶儿子在乡里横行。这时朝中差不多所有言官都是徐阶亲信，群起而攻击齐康的言行，并咬定齐康是受高拱指使，卷进两人争斗的大臣差不多都是赞誉徐阶而斥责高拱。

正当徐阶、高拱之争白热化的时候，作为大理寺右寺丞的海瑞为此专门上了一道题为《乞治党邪言官疏》，请求皇帝，“重治党邪言官，以定国是，以正人心，以扶宗社”。整篇疏文是围绕着齐康弹劾徐阶之事加以展开的，态度强硬地支持徐阶，彻底否定高拱的才识和能力，大骂高拱等是朝中的小人，“恶如高拱”，认为高拱不能充任辅弼重臣的重任，斥责齐康是“受高拱指使，搏噬善类，顾一己爵禄，不顾天下安危”的一只鹰犬，齐康身为御史“不顾公是公非，捏架无影虚词，污辱宰辅”，武断地认为齐康弹劾徐阶，其目的是为了让高拱当权，“康乃以是为非，以非为是，欲陛下斥阶而用拱焉”。因此，请求皇帝“速赐乾断，罢斥高拱，将齐康重加刑治”。而通篇对徐阶则是褒奖有加，认为“徐阶心在社稷”，是保卫社稷的忠臣。后来海瑞自己也发现这篇上疏带有明显的个人感情和偏见,“一时误听人言”,笼统地赞誉徐阶,而对高拱和齐康进行了谩骂。其实,高拱的才智和魄力都超过徐阶,生活也颇简朴。然而,海瑞的言论因其名气,在当时对舆论有一定的影响。海瑞奏疏公布后,高拱立即陷入千夫所指的困境中。高拱因众怒难犯,不得不怀着对徐阶和海瑞的无限怨恨,离职回到河南老家。齐康也被革职,发配戍边。徐、高之争就此平息。海瑞也因此而与高拱结了怨。

海瑞被调离应天巡抚,直至罢官,与首辅高拱有关。隆庆三年(1569)冬,徐阶在权力斗争中败下阵来,隆庆皇帝再次起用高拱,任命其为内阁大学士兼管吏部事,掌管朝中人事大权,成为协助皇帝处理朝廷事务的最重要的大臣,高拱虽“无宰相之名,而有宰相之权”。由于海瑞在当年高拱和徐阶的斗争中,明显偏向徐阶,激烈攻击高拱,引起了高拱的仇恨,《明史》记载高拱“素衔瑞”,因此,高拱上台后就会想方设法报复海瑞。

还有一种说法是高拱上台后,并没有打击报复海瑞,当他得知海瑞在江南整治徐阶及其家人飞扬跋扈的情况时,反而把海瑞当作自己施政的重要得力助手,目的是利用海瑞正直无私的心态,去对付徐阶。可以想象,当朝官舒化要求免去海瑞应天巡抚之职时,皇帝不答应,并下圣旨留任海瑞,时掌管吏部的高拱应是支持海瑞。只是后来由于朝野对海瑞的指责几乎出现一边倒的倾向,高拱也无心去庇护海瑞,隆庆四年(1570)二月十五日,高拱在戴凤翔弹劾海瑞的奏疏上批复,认为海瑞在江南的行动尽管是为国为民,但其所作的改革“求治过急,更张太骤,人情不无少拂”。同时,他还指出由于言官对海瑞的弹劾,“若令仍旧视事,恐难展布”,建议皇帝在“遇有两京相应员缺酌量推用”。高拱的建议在十七日就得到皇帝的批准,二十五日朝廷正式下令调海瑞“以原官总督南京粮储”。正当海瑞在应天巡抚任上等待交接工作,并向朝廷上《被论自陈不职疏》为自己辩诬之时,三月,御史杨邦宪上奏说,南京已经设有户部尚书,且可兼管粮储,高拱据此提出将刚刚任命还没有上任的“总督南京粮储都御史海瑞依议裁革”。可见,高拱在关键时刻,权衡自己在官场中的利弊得失,加之仍没有忘记以前海瑞对自己弹劾的旧恨,顺着朝野官僚集团之心愿,同时也意识到江南苏松地区乡官权势力量的强大与复杂,对海瑞采取了釜底抽薪的做法,借以缓和与苏松地区权贵的矛盾。海瑞在意识到满朝文武大臣对自己的态度均保持可怕的沉默时,发出了“今举朝之士,皆妇人也”的感叹。

尽管海瑞对戴凤翔的诬陷进行了强硬的抗辩,高拱还是让海瑞离职回家乡等候调任。海瑞于是主动向皇帝上《告养病疏》,向皇帝直言,朝中群臣“互为掣肘,互为排挤”,尽管皇帝“有锐然望治之心”,但是“国俗民风,日就颓敝”。请求皇帝恩准自己“归田以延残喘”,因为自己已是 57 岁的老人了,身体外强中惫,“血气益虚”、“衰弱为甚”;老母亲 81 岁高龄也需要赡养,故恳请皇帝“赐臣回籍,永终田里”。这是海瑞对当时官场的一种反抗,诚如海瑞在《复吴悟斋操江都院》中所说，自己在江南地区“百凡区划”，然而却屡屡受到攻击，“这等世界，做得成甚事业！”他在给高拱的信中也说，自己原本想“竭尽心力，正欲为江南立千百年基业”，以报答皇上的知遇之恩。然而，面对一些人的恶意攻击，自己又不想把精力放在和他们较量是非之上，“是实不能再当官事”，表示去意已决，请高拱支持。

即使如此，海瑞心中仍装着百姓的苦乐，他恳请皇帝对他在应天巡抚任上所制定的各种措施，不要轻易改变，因为这些举措都是自己“采访民言，考求成法”所制定，实践证明也是利国利民的。海瑞在辞职奏疏中痛斥朝中官僚见风转舵，没有为国为民的正义感，指斥内阁大臣“自以徇人为是，是庸臣也”。海瑞这一耿直的秉性其实与他自年轻时代就养成的恶乡愿思想是一脉相承的。皇帝也知道朝中大臣对海瑞的意见一时难以扭转，于是也就同意了海瑞的辞职请求，海瑞仰天长叹，把自己对国家前途命运的关注，带到了南国的海岛，无可奈何地望海兴叹。四月下旬，海瑞带着母亲和家人一起回到了海南家乡。

海瑞在应天巡抚任内，实心实意为老百姓争取利益，不畏强权，强硬地“摧折士大夫之豪有力者”。尽管在巡抚任上只有半年的时间，但是海瑞刚正清廉、一心为民的工作精神再次得到体现，受到了江南人民的衷心爱戴，《明史·海瑞传》说：“瑞抚吴甫半载。小民闻当去，号泣载道，家绘像祀之。”

四、抵制不正之风

海瑞从嘉靖四十二年(1563)春到兴国赴任,至嘉靖四十三年(1564)冬离任,在兴国县工作不足两年。但是政绩却十分显著,深得百姓爱戴,也受到朝廷有关部门的关注,很快被调升到京城,出任户部云南司主事。自此以后,海瑞就成为一名京官。

海瑞到达京师工作,此时已是明世宗嘉靖皇帝在位统治的第四十四个年头了。嘉靖皇帝是明宪宗的孙子、明武宗的堂弟,武宗死后无子,皇太后和内阁首辅杨廷和决定,由世宗继承皇位,改年号为嘉靖。嘉靖继位不久,爆发了明代历史上最著名的政治事件——大礼议之争。明世宗的亲爸爸是兴献王,他要求追封自己的亲生父亲为皇帝,而朝中大臣们根据礼法的规定却不同意皇帝的这一决定,嘉靖没有办法只好准备让步。但就在这时,一个叫张璁的大臣为嘉靖追封亲生父亲制造了不少理论依据,嘉靖深受鼓舞,张璁也因此被加官晋爵。朝中大臣为此出现了明显对立的两派,双方斗争日趋激烈,乃至爆发了“血溅左顺门”事件。当时反对派大臣共二百多人决定向皇帝进谏,他们集体跪在左顺门外表示抗议,嘉靖派人将为首的几个大臣押入监狱,将一百多人逮捕。左顺门事件以皇帝的胜利告终,嘉靖如愿将亲生父亲追尊为睿宗,将神主放入太庙,位在武宗之上。通过这件事,嘉靖不仅实现了追封自己父亲为皇帝的愿望,而且也树立了自己专制统治的威信,许多正直大臣或死或引退,佞臣乘机窃取了朝政大权,从此明朝弊政迭兴。

嘉靖皇帝非常崇信道教,好神仙老道之术,“深居西苑,专意斋醮”,到处搜罗方士秘方,醉心于炼丹,一心想求长生不老,许多人因献秘方而一步登天,甚至连地方大员也投其所好,“督抚大吏争上符瑞”,严嵩就是其中的代表人物之一。严嵩善伺帝意,以醮祀青词,取得宠信,专值西苑,一意媚上。在严嵩一帮奸臣的捣鼓下,嘉靖深居西苑专心于成仙修道,拜方士陶仲文为师,求长生不老之术。嘉靖在位45年,后期二十多年不上朝理事,任由严嵩等大臣弄权。嘉靖最喜欢也是服食最久的丹药是“红铅”,这是一种以处女初潮经血、配以参茸等炼成的丸药。为了炼制这种药，朝廷经常从民间征召大量 8 至 14 岁的少女入宫。在采集经血的过程中，宫女们备受摧残和侮辱，终于发生了以杨金英为首的宫女们刺杀嘉靖的大案。嘉靖也因服丹药而病死，终年 60 岁，葬于永陵（今北京十三陵之一）。

嘉靖皇帝自嘉靖二十年（1541）开始，基本上就不上朝办公了，与群臣也不见面，朝政一片混乱。这一时期的朝政主要由奸臣严嵩把持。严嵩，字惟中，一字介溪，江西分宜人。一生任职于弘治、正德、嘉靖三朝，是嘉靖朝炙手可热的人物，嘉靖十五年（1536），出任礼部尚书，嘉靖二十三年（1544），升任内阁首辅。严嵩利用嘉靖对他的宠信和手中掌握的权力，逐渐将一切重要衙门和有实权、有影响的人物，都控制网罗在自己的门下，形成一个盘根错节的势力网络，蒙住了嘉靖皇帝的耳目，操纵朝政达 20 年之久，以致其他大臣“无敢言时政者”。不仅如此，严嵩还伙同其子世蕃等广结党羽，操纵国事，大力排除异己，招权纳贿，明目张胆地收受贿赂，甚至公开敲诈勒索，其财富可以敌国，并大肆在江西、南京、扬州等地“广置良田美宅”。嘉靖知道后也不予追究。严嵩带头不遵守官场的规则，上行下效。各级官员为了巴结严嵩，大兴贿赂，却对百姓不断施加苛捐杂税，激化了当时的社会矛盾。嘉靖四十四年（1565）三月，严嵩被削籍抄家。

嘉靖二十多年不理朝政，严嵩父子上下其手地把持朝政，明朝政治十分黑暗，国家和人民遭受了深重灾难，民困财竭，国力日衰，边防废弛，边患危机更加严重，形成了明代边疆历史上北虏南倭两面夹击的最困难时期。北方蒙古俺答部屡次率军骚扰内地，大举入掠京畿一带。明朝边将为保官升职，将大半军粮贿赂了严嵩，以致军士饥疲，无力抵抗蒙古俺答部的进攻。同时，驻守边关的将领们还肆意克扣兵卒军粮，时常爆发边卒叛乱事变。特别是嘉靖二十九年(1550)，俺答部长驱直入京师郊区，所到之处，烧杀抢掠，引起朝廷极大震惊和恐慌，这就是明朝历史上有名的“庚戌之变”。“庚戌之变”是嘉靖朝政治腐败、财政困窘、边备废弛的集中反映，从此以后，俺答部骚扰边疆更为频繁、猖獗。与此同时，东南沿海一带的海防也十分空虚，嘉靖三十一年(1552)以后，东南沿海的倭寇之乱也接连不断，几乎从北方的山东到南方的广东沿海诸省，均遭到倭寇的洗劫和蹂躏，嘉靖时期是东南沿海倭患最为严重的时期。由于朝政的混乱以及边疆的危机，老百姓的日子也愈益艰难。而嘉靖皇帝为了达到成仙的目的，每年向地方派加的赋税、徭役还是有增无减，赋税徭役日益加重，百姓穷困得衣不蔽体，食不果腹，许多人不得不背井离乡，过着流亡生活，各地不断发生不同规模的农民起义，社会危机日益加深。整个嘉靖朝政已处于南北夹攻、内患外扰的严重动乱之中。

海瑞进京出任户部云南司主事，对嘉靖皇帝的昏暴和整个朝廷的腐败见闻日多，不满的情绪也日见滋长。海瑞根据自己在基层了解到人民生活已经困苦万分,同时也感到边患屡起,潜伏着随时都可能爆发的王朝危机,他为整个大明王朝的前途深深地忧虑。在这种忧国忧民的悲愤交集的心情下,海瑞苦于在京时间不长,对情况掌握不是很充分、很全面。他再次利用在基层工作时的方法,在京师暗中进行走访调查,获取了一些关于北虏南倭制造的边患情况,也了解了朝中不少文武大臣对嘉靖崇信道教、求长生不死举动的非议,只是敢怒不敢言罢了。嘉靖二十余年不理朝政,手下大臣为了争权夺利,相互倾轧,造成国家兵备废弛,财政拮据。嘉靖终日沉迷在士大夫的一片献媚谄谀之中,满足了权力和长生的幻觉。士大夫们也发现,“谄谀”是最现实最有用的“政治”,因为谄谀能得到官爵,也能得到利禄。海瑞对这种由“君道不正”而引起的国家危机焦心忧愤,认为在这种情势下,作为臣子不上疏直言,替国家挽回危难,简直就是犯罪,于是决定冒死上疏直言朝政的弊端。嘉靖四十四年(1565)十月,他给皇帝上了《直言天下第一事疏》,又称《治安疏》,“披肝胆为陛下言之”。后人所说的海瑞骂皇帝,指的就是这件事。这在当时成为轰动全国的一件大事。

海瑞的《直言天下第一事疏》,目的就是“以正君道、明臣职、求万世治安事”。上疏的开篇就明言皇帝的职责是天下臣民万物之主,“天下者,陛下之家也”,皇帝作为天下的一家之长,“人未有不顾其家者”,皇帝身上的“责任至重”。海瑞本着臣子既然“受国恩厚”,就必须对国家负责,他在上疏中实事求是地分析皇帝即位以来的功过是非,“美曰美,不一毫虚美;过曰过,不一毫讳过”,把嘉靖帝和历代贤君进行对比,认为嘉靖统治初期尚能锐意进取,国家也出现了一些新气象。但是“陛下则锐情未久”,就开始“一意玄修”,追求长生不死,造成“天下吏贪将弱,民不聊生,水旱靡时,盗贼滋炽”的严重局面。

海瑞把嘉靖和汉代文帝作了一番对比,说嘉靖“天资英断,睿智绝人”,已经远远超过汉文。但是海瑞接着就指责嘉靖没有汉文帝那样“节用爱人”之心,就是说嘉靖不懂得爱护百姓和节省靡费,嘉靖也没有像汉文帝那样制定使国家富饶的措施,却在奸臣的蒙蔽下一意搜刮民脂民膏,修筑宫室,妄想追求个人的长生不死。海瑞指责他多年不上朝,使法令纲纪都成了虚文,“二十余年不视朝,纲纪弛矣”。海瑞根据古代社会最基本的道德标准,即君臣、父子、夫妇的“三纲”检讨嘉靖,指责嘉靖以猜疑、诽谤而随心所欲地杀害、谩骂臣下,搞得君臣关系很不正常;不让自己的亲生儿子见面,违背了父子亲近的天性;整天躲在西苑炼丹,而不回宫和嫔妃居住,失去了夫妇恩爱的人之常情。这其实就是骂嘉靖屠戮大臣不是个好皇帝,父子分离不是个好父亲,夫妻分居不是个好丈夫。皇帝带头不讲“三纲”,社会也就因此出现了乱象。海瑞一针见血地指出,嘉靖朝无论从政治、社会还是经济来说,都绝不是一个太平盛世,“非大清明世界也”,嘉靖“不及汉文帝远甚”,就是说,和汉文帝相比差得太远了。由于嘉靖追求长生不死,到处营造宫殿,老百姓担负的赋役年年增加,已经到了十分贫困的地步,民间对皇帝的不满也日甚一日,老百姓利用嘉靖的年号编了一个顺口溜:“嘉靖者,言家家皆净而无财用也。”正因为如此,天下百姓早就对你这个皇帝不满了,不把你当作一回事了,“天下之人不直陛下久矣”。一个官阶较低的大臣上奏疏告诉皇帝说,天下人早就认为你不配当皇帝了,可真够骇人听闻的。

海瑞在疏中指责嘉靖因为个人的喜好,弄得满朝文武大臣曲意顺从,尽管大臣都知道其中的是非,但是没有一个人敢说真话,难道圣人就绝对没有过错吗?因为你要长生而到处求仙桃天药,所以下面的官员就“相率进香”、“相率表贺”。你要兴建宫室,所以主管建设的工部就“极力经营”,你要寻香觅宝,主管财政的户部就“差求四出”。所有这一切的罪魁祸首就是你,“陛下误举,诸臣误顺”。大臣们为了迎合你的口味,个个对你都是阿谀奉承,昧着良心来歌颂陛下、顺从陛下,几乎没有一个人愿意对你说真话,“无一人为陛下一正言焉”,再这样下去大明江山还保得住吗!?你一心迷恋于长生不老,置大明江山和天下百姓性命于不顾,已经失去了最起码的做人道理。所以,海瑞说,陛下的错误太多了,但你最大的错误就在于修醮,以求长生不老。同时也指出大臣没有向嘉靖直言而一味顺从是犯有欺君之大罪。海瑞对嘉靖做成仙得道的大梦进行恳切劝告,古来圣贤从来没有提倡过长生不死的学说,不仅尧、舜、禹、汤、文、武等人没有活到明朝,他们都是“修身立命”,造福百姓而已,没有一人“久世不终”。就连汉、唐、宋那些口口声声会方术的炼丹方士也没有活到明朝的。还有你所尊崇为老师的陶仲文,专门教你长生之术,然而陶仲文不是也早死了吗?陶仲文自己都不能长生,陛下你到哪儿去寻求长生不老呢?所谓仙桃天药不过是方士糊弄你而已,桃子是从树上采下来的,药是“人工捣合”配方而成,所谓的“天赐仙桃药丸”,完全是一派怪诞的胡言。“陛下玄修多年”,你真的得到过这些东西吗?现在每天围着你转悠的那些小人,就是因为你有“悬思妄念”,他们才蛊惑出“桃药道之长生”的怪论,所以可以肯定地说,你的玄修完全是徒劳无益的。

嘉靖皇帝用人唯顺已经形成了习惯,严嵩就是以顺从为手段而被重用,但是曾三次主持户部工作的梁材,“历任有声”,对嘉靖皇帝却不怎么顺从,他拒绝增派人数去修建宫陵,反对建醮时用龙涎香等珍贵香料,嘉靖骂他是沽名钓誉,撤了他的职。海瑞在奏疏中抨击嘉靖用人唯顺的作风,进一步指出朝中大臣都在学习严嵩的顺从,而不敢像梁材那样表示些微的不同意见。如果满朝文武大臣都一味地顺从你,这样难道对国家真的有什么好处吗?那些揣摩你的心思尽说好话的大臣,未必就是好人,其言论也未必是真正的治国之道,“严嵩有一不顺陛下者乎?”可惜就是这个人“昔为贪窃,今为逆本”,把朝廷搞得乌烟瘴气。之所以如此,就是和你的刚愎自用密不可分,不允许大臣有不同意见,只要顺着你的玄修之意，就被视为"股肱耳目"，否则就是逆臣。他大声呐喊："君道不正，臣职不明，此天下第一事也"。但是满朝文武官员不是谄谀就是顺从，"大臣持禄而外为谀，小臣畏罪而面为顺"。我对此感到非常愤恨，宁愿冒死上疏，"是以昧死竭惓惓为陛下一言之"，为的是大明社稷和天下的平安。

当然，海瑞上疏不是为了骂嘉靖来解气，而是希望皇帝读后，能够"翻然悔悟"，然后能"日视正朝"，与大臣一起商讨天下大事，把国家治理好，一可以"洗数十年君道之误"，二可以使大臣洗刷数十年顺君之耻。同时建议皇帝要爱惜民力，节省财力，因为"京师之一金，田野之百金也"。只有节省，才能民富国强，使人民生活重趋安定。所以，海瑞在上疏结尾时说，如果陛下能听从我的意见，"宗社幸甚，天下幸甚"。

通观海瑞的《治安疏》，不仅把矛头直指嘉靖，而且措辞尖锐激烈，处处打中嘉靖的要害。所以，海瑞上疏在当时成为轰动全国的特大新闻，万历时琼山人梁云龙在《海忠介公行状》中说："公是疏出，一日而直声震天下，上自九重，下及薄海内外，无不知有所谓海主事者。"应该说，海瑞在举朝顺从皇帝的情况下，敢于指责皇帝的过失，说明海瑞为天下苍生幸福舍命直言的胆识十分过人。他自己对此也有总结，"以全民命事"，直言上疏，"罪在莫赎，法在不赦，臣万死不辞矣"。然而自己之所以要这样做的目的，"实存忠君报国之心"。海瑞如此犯颜直谏，在中国古代十分罕见，这既体现了海瑞的忠君思想,也体现了海瑞奉行儒家提倡的“杀身成仁,舍生取义”的价值追求。《治安疏》是海瑞一生最重要的代表作,集中体现了海瑞刚正不阿的人格和为民请命的赤诚,其忧国忧民的精神一直为后人所称颂,以致清代官方纂修的《明史·海瑞传》,也差不多将《治安疏》全文录入,正反映了《治安疏》的价值所在。

海瑞骂嘉靖皇帝奏疏的措辞虽极端尖辣刻薄,但又谨守着人臣的本分。海瑞要求皇帝的不过是改变他的不作为,而只要皇帝能“翻然悔悟”,国家由乱致治也就不过是“一振作间而已”。也就是说,皇帝只要能够清醒起来、振作起来,还是有机会成为尧舜之君的。海瑞奏疏骂皇帝史无前例,历朝历代大臣向皇帝诤谏,只是批评皇帝在某种政策方面的得失,而海瑞几乎否定了皇帝在位时所做的一切,甚至包括皇帝的为人,真的是空前绝后的举措。这次事件使得海瑞的声名达到了其政治生涯的最高峰。

那么,嘉靖看了海瑞上疏后的态度如何呢?海瑞是不是真的就被杀头了呢?其实,海瑞在把奏疏递给朝廷时,就知道自己必死无疑。他找来在京的最亲近朋友王弘海,王为琼州府定安县人,嘉靖四十四年(1565)刚中进士,与海瑞是同乡,嘱托他如果自己因上疏而被杀,希望他在自己死后帮助料理自己的后事,并照顾自己的家人。海瑞然后去市场买了一口棺材,把家里的仆人们都遣散,准备随时被捕或被处死,后人据此还编写了《海瑞市棺》的戏剧。

果不出海瑞所料，嘉靖看完疏文后，气得浑身发抖，恼怒得几乎跳了起来，把奏章狠狠地摔在地上，这就是《明史》所说的“帝得疏，大怒，抵之地”。嘉靖咆哮着命令手下，立即把海瑞给我抓起来，千万不要让他跑掉！这个时候，站在嘉靖皇帝身旁的宦官黄锦从心里佩服海瑞的骨气，他跪着告诉嘉靖：“皇上息怒，听说海瑞一直有痴人的绰号，他知道上疏骂你必死无疑，早早就买了一口棺材，写了信与家里的母亲、妻子儿女诀别，并把在京家里的仆人都遣散了。这个人根本就不会逃跑的，就等着你治他的罪呢。”嘉靖听完太监的一番话，长叹一声，默默而无奈地又从地上捡起海瑞的奏本，读了又读，“复取读之，日再三”，气得围着大殿来回转悠，一夜都无法入睡，并且把自己脸上的肉刺都拔掉了，用一个成语形容真的就是“气急败坏”。

但是嘉靖在反复阅读海瑞的奏章后，也明白了海瑞的用意，思忖良久又说，“海瑞可和古代忠臣比干相提并论，但我自己还不至像商纣王那样无道啊”。他也意识到如果真的杀了像海瑞这样刚正不阿的大臣，自己最终会落下一个商纣王杀比干的臭名。嘉靖只好把海瑞的疏章留在自己的身边，没有做任何批示。但是，作为一国之君的皇帝被手下的大臣如此辱骂，嘉靖怎么想都觉得太恼怒，无论如何都一定要教训一下这个敢骂自己的海瑞。不久，嘉靖下令由特务机关锦衣卫出面把海瑞逮捕入狱，严加审讯，拷问究竟谁是背后的主谋。后来又将海瑞移交刑部审讯，尽管多次对海瑞严刑逼供,但是什么也没有问出来,不过刑部还是判了海瑞死罪,并把审判结果报告给了皇帝。然而,嘉靖看到判决书后,却始终没有签署执行死刑的命令,判决书也一直放在嘉靖的办公台上,当时叫“留中”。

海瑞被判了死刑之后,朝中正直的大臣对他深表同情,但慑于嘉靖的淫威,大家都不敢出来替海瑞说情。当时在户部当司务小官的广西人何以尚,也算是海瑞的同事和半个老乡吧,他揣摩嘉靖没有杀海瑞的意向,于是挺身而出,毅然上疏,请求嘉靖赦免海瑞。嘉靖勃然大怒,命令锦衣卫当廷杖打何以尚一百大棍,并以海瑞同党论处,也打入诏狱囚禁。所谓诏狱就是由皇帝下令定罪的犯人关押场所,因为皇帝下的命令文件叫诏书而得名。何以尚在诏狱中昼夜受到严刑拷打,但是也没有审出什么结果。

海瑞没有被杀,还与时任首辅徐阶有关。徐阶,今上海松江人,嘉靖四十一年(1562),与严嵩争权,终于推翻严嵩,成为首辅,比较正直,乘工作之便,也劝嘉靖不要加罪海瑞。而嘉靖由于常吃有毒的丹药,晚年日见虚弱,海瑞奏疏一方面使他气愤烦恼到了极点,另一方面被海瑞说穿了“仙桃”、“天药”都是骗局,成仙得道根本不可能,自己也失去了支持生命的精神力量,病情也不断加重。嘉靖招来首辅徐阶密商国事,承认海瑞对自己的指责多是属实的:“海瑞言俱是,朕今病久,安能视事”,打算把皇位传给儿子。据说,徐阶对嘉靖“定议斩之”,就是干脆杀了海瑞一事,一直拖着不办，直到嘉靖“督促至再”，徐阶俯伏泣曰：“臣岂敢成陛下杀谏臣之名”，海瑞不过是冒险沽名钓誉罢了，皇上若杀他，反而可能会大失人心。而嘉靖原本也知道“杀谏臣”会留下千古骂名，这才决定把海瑞打入死牢。《明史·徐阶传》对此也有记载，“户部主事海瑞极陈帝失，帝恚甚，欲即杀之，（徐）阶力救得系”。《明通鉴》卷六十三也记载说：“瑞下诏狱，究主使者，寻移刑部论死。狱上，（徐）阶力救，奏遂留中。”经徐阶的斡旋，嘉靖又仔细阅读海瑞奏疏，承认海瑞的忠心，只是过分耿直而已。在这种情况下，海瑞虽被判了死刑，嘉靖却始终没有下令执行。

嘉靖四十五年（1566）冬天，一心追求长生不死的皇帝终于还是病死了。当时，内阁首辅徐阶奉旨草拟遗诏，在这份遗诏中借嘉靖之口，承认了海瑞对自己的指责大多属实，但强调自己是“只缘多病，过求长生，遂致奸人乘机进惑，祷祀日举，土木咸兴，郊庙之祀不亲，日讲之仪久废，既违成宪，亦负初心”。据史料记载，嘉靖死后，外面的人并不知道消息。一天，监狱牢头知道了这件事，也知道海瑞将要被释放重用，于是在监狱里为海瑞摆了桌较丰盛的酒席，海瑞以为死期已到，放开肚子大吃了一顿，这个时候牢头才悄悄告诉海瑞，嘉靖帝已经驾崩了，你不久也许就可以出狱了。海瑞简直不敢相信自己的耳朵。当确认是真的之后，海瑞痛哭不已，把刚吃下去的饭菜全都呕吐了出来，后来还在监狱里“终夜哭不绝声”。这说明海瑞骂嘉靖其实还是出于忠心嘉靖和国家的表现。是年十二月,明穆宗即皇帝位,是为隆庆皇帝,遂以嘉靖遗诏的名义释放了在狱中的海瑞和何以尚。

海瑞被释放后,立即复任户部云南司主事,随后改任兵部武库司主事。隆庆元年(1567)一月,调任专管皇帝玺印的尚宝司司丞,四月,调任大理寺右寺丞,七月改为左丞,官阶为正五品,专管平反冤狱。十一月又调为南京通政司右通政,官阶为正四品。海瑞自隆庆元年(1567)出狱后不满三年,换了多次官职,官阶也连升几级,从正六品主事一直升到了正四品,其升迁之快,无以复加。这既与海瑞的刚正廉洁有关,也与首辅徐阶提携分不开。

隆庆四年(1570),海瑞罢官回乡闲居。直到万历十三年(1585)正月,73 岁高龄的海瑞又被起用为南京都察院右佥都御史,二月又升海瑞为南京吏部右侍郎。万历十四年(1586),又升为南京都察院右都御史。海瑞对于这次历经磨难后得来的复出机会,欣然表示接受。海瑞后来在给广东巡按邓炼的信中即有说明,“以今正旬末邸报二公荐章之旨,二报通政,三报部请不允,四又报南院。”《明史·海瑞传》对此也有记载说:“帝屡欲召用瑞,执政阴沮之。”南京是海瑞比较熟悉的地方,也是他曾经施展过政治才华的地方。在南京保留的中央机构中,这些官员大多属于闲职,不能决定国家大事,但他们都曾显赫一时,他们在南京无所约束、随心所欲地享受生活。从某种意义上讲,海瑞出任南京吏部右侍郎,就是管理这些闲职的官员。海瑞复起,众人多举手加额,亦有劝其辞退者。海瑞思虑再三，最后在“主上有特达之知，臣子不可无特达之报”的“忠君报国”思想驱使下，“欣然离家”北上，结束了整整16年的闲居生活。

海瑞最次一次出山，仍精神抖擞，干劲十足，这他在离开海南前后和一些官员的通信中能得到证明。海瑞在从海南出发之前给两广总督吴文华写信，信中对那些推荐他复出的官员表示感谢，表达自己报效国家的意愿，“人情世态，瑞无用世之念久矣。借誉诸公，得见之于主上，似亦若有天然之幸。”表示要“大有所为，满吾愿”。又在给广东巡按汪渠瀛的信中对皇帝起用感激不尽，“主恩三四及矣，如天之高，并地之厚”。汪渠瀛还专门派人到海南迎接海瑞，海瑞对此除了表示感谢外，还担心驿站人员给自己搞特殊化，表示不能接受。海瑞对沿路通过的驿站，要求各县负责接待自己的人员务必严格按标准执行，绝对不搞特殊化。

海瑞到达南京城外，给北京的礼部右侍郎海南人王忠铭写信，讨论天下形势及自己的抱负，“今日之盛，尽天下称赋差繁苦，官吏残贪”，海瑞对决心改变这一“习弊”已感到没有多大把握，“未知能如吾愿与否?”到达南京上任后，他又立即给王忠铭去信，说明自己远离官场太久，恳请王能指导自己尽快进入角色，“山林之久，公家典故，又多遗忘，日夕以公必我一一不惮指示为慰”。到达南京上任之后，又给内阁大臣王锡爵写信说：“瑞无用世之念久矣。一旦误蒙主知，十六年山林，变而感发。……念主上改而励精,千载一时之会也。”认为皇帝赏识自己是一次大恩大德,正是自己干一番事业的最后机会,“又思有君如此,即千载一时,而忍负之乎?”海瑞在上任前后与一些官员之间通信的主要意思,就是自己既然受到皇帝赏识而复出,即使自己已进入暮年,也要上报朝廷知遇之恩,知恩图报是做臣子的本分。但透过这些信件中的话语,我们可以窥见海瑞被在起用后的复杂心情,诚如他自己所言,毕竟已是年高之人,且离开官场 16 年,对国家与社会发展的状况多少有些隔膜,所以他对自己复出后,能否真的有所作为,能否真的报答皇帝的知遇之恩,已经感到难以预料。而这一切又恰是海瑞一生追求求真务实工作作风的反映。

海瑞到南京上任后,再次向贪官污吏们开刀。而此时的官场腐败比以前有过之而无不及,“愤贪残满载,论劾不止者”,之所以如此,是因为处罚贪官污吏的刑罚太轻。他主张治贪是当下的当务之急,要治贪必须用重典,要严刑峻法,强调恢复明太祖时的“重典峻法”。

明朝官场贪污腐化的现象到嘉靖以来更为猖獗,海瑞为此曾上疏给万历皇帝,强调应用重刑惩治贪污腐败,建议恢复太祖时凡贪赃 80 贯以上的官员都处以剥皮实草的极刑。海瑞此言立即引起了官场的巨大恐慌,其在官场中的“另类”形象更加突出。其实,海瑞在官场中显得“另类”,就是因为他坚守两个“规矩”:一是坚守祖宗之法,严格遵守明太祖时制定的法律制度;一是坚守先儒之道，恪守儒家为政道德准则和伦理准则。这两点伴随着海瑞一生，给人造成的印象是，海瑞在思想上趋于僵化保守，其革新并不是为了超越前人，而是固守过去祖先的窠臼，用今天的话说，不能与时俱进。

明朝人梁云龙在《海忠介公行状》中说，万历十四年(1586)海瑞向朝廷上《一日治安要机》奏疏，提出了爆炸性的惩贪建议，“非重刑决不能惩”。主张恢复明太祖时“枉法赃八十贯绞律”和“剥皮囊草”等重刑，严惩贪官污吏。明朝人王弘诲在《海忠介公传》也说，海瑞上疏陈述治安要务，“今日贪墨为奸，毫不可纵。欲使百姓安乐，其于守令务极选，欲督守令先司道，督司道先抚按，而致望部阁大臣，乃归本于君身”。言下之意是现在的官员都有点不干净，所以官员选拔从上到下务必认真，且要相互监督。

《明史·海瑞传》也记载，海瑞规劝万历皇帝说：陛下励精图治，但对贪官的刑罚太轻，吏治反而更加败坏。一些大臣还在强调“待士以礼”，试图感化官吏能自行廉直，这不过是文过饰非罢了。再这样“待士以礼”下去，老百姓还要遭受什么样的苦啊？海瑞接着就“举太祖法剥皮囊草，及洪武三十年(1397)定律枉法八十贯论绞，谓今当用此惩贪”，要求“行国初之法”，严惩贪官污吏。所谓的剥皮囊草是指朱元璋时期将贪官的皮剥下来制成草人放在公堂上警告继任官员。如何才能让文武百官遵纪守法，海瑞认为代天子巡察各地的御史最为重要，“欲正百官，必自御史始”。他对在南京工作的御史要求“甚严且峻”，当时有一个御史经常在家里请戏班演戏作乐，以为娱情之时尚，海瑞派人把这个御史抓了起来，并把其他御史召集到公堂上公开进行审讯，最后决定“遵太祖法予之杖”。其他御史纷纷为这个御史求情，然而，海瑞依据明太祖朱元璋曾廷杖御史的惯例，毫不手软地当堂杖责这个御史。海瑞这样做无非是杀一儆百，希望御史确实能给百官做出好的榜样而已。

然而，海瑞新政举措在广泛赢得百姓好评的同时，却更加引起百官的忌恨，也再次将自己推到了各级官员的对立面。尤其是提出重法惩贪的话语，立刻引起朝野大哗，反对者认为不符合当今皇帝提倡的“仁政”。拥护者却极力保卫海瑞，于是海瑞再次成为新闻人物，成为朝廷和社会上大辩论的焦点人物。由于明代官员的薪水都比较低微，一般官员可能都会有些灰色收入。如果真的实行凡贪污八十贯以上就绞杀的法律，则很多官员恐怕都保不住脑袋了。“百司惴恐，多患苦之。”

《明史·海瑞传》说，海瑞有关时政革新，力主恢复明初祖制，虽大多切中时弊，“独劝帝虐刑，时议以为非”。也就是说，海瑞主政恢复明初重刑惩贪在当时已经被看作是“虐刑”。朱元璋主持制定的《大明律》乃是国家大法，经过了一百多年后居然被认为是“虐刑”，而时议以为不对，说明明中叶以后世道已经发生了很大的变化。

因此，那些被激怒的御史们群起而攻击海瑞，万历十四年(1586)三月，山东道监察御史梅鹍祚上疏弹劾海瑞说："南京吏部侍郎海瑞言今日刑轻，而侈谈高皇帝剥皮囊草之法者，以清平之世，创闻此不祥之语，岂引君当道志于仁者哉。"万历皇帝对海瑞的做法也表示出不满情绪，批评海瑞上奏启用重刑之说，不符合社会发展的潮流，"颇不协于公论"，而且"有乖政体，且指切朕躬词多迂戆"。不过，吏部和皇帝都承认海瑞所做的一切是出于对王朝的忠诚，而且海瑞是被屡屡推荐且"海内人士"推重之人，皇帝也不得不另眼相看，"朕已优容"，但同时也指出海瑞刚正，难以胜任实际工作，"虽当局任事恐非所长"，但以海瑞的名望，可以用之"以镇雅俗、励颓风，未为无补"，命令海瑞"照旧供职"。这至少也反映万历承认了当时官场的黑暗以及海瑞在官民心目中仍有很大的影响。于是万历反而批评"梅鹍祚如何轻率渎奏"，罚了梅鹍祚两个月的薪水。

海瑞的刚直不阿在官绅之中广泛传播，隆庆年间被罢官回海南，朝野对他的复出一直十分关注。万历元年(1573)张居正主政朝廷，有人以海瑞声望"忠贯日月，望重华夷"，推荐海瑞复出。但屡屡遭到张居正的拒绝，《明史·海瑞传》说，"万历初，张居正当国，亦不乐瑞"。自此以后，直到万历十年(1582)六月，张居正去世，海瑞复出都没有成功，反映张居正和海瑞之间有矛盾。一直到张居正死后两年，即万历十二年(1584)才决定让海瑞复出。

张居正,号太岳,今湖北江陵人。嘉靖二十六年(1547)进士,翰林院庶吉士,深得徐阶等器重。万历元年(1573)出任首辅,时万历帝虚岁10岁,国家大事基本由张居正决断。照理来说,张居正和海瑞均属徐阶一派。他对隆庆朝弹劾海瑞抱同情态度,对海瑞在江南锐意革新,重塑国家威信,表示赞同,在《答应天巡抚海刚峰》中说,“三尺法不行于吴久矣。公骤而矫以绳墨,宜其不堪也”。对朝野攻击海瑞表示不满,“讹言沸腾,听者惶惑”,对自己不能为海瑞说公道话,“有深愧焉”。

那么张居正为何不愿海瑞复出呢?这与海瑞性格刚直有关。海瑞被迫闲居海南,但一直关心天下事,难免会与主政的张居正发生冲突,万历五年(1577),张居正的长子敬修、次子嗣修同时参加科举会试,结果同中进士,嗣修还名列一甲第二名,即榜眼,官场为之议论纷纷。万历八年(1580)科举会试,张居正第三子懋修居然中了一甲第一名,即状元,朝野舆论大哗。时有人作诗讽刺,“状元榜眼尽归张,岂是文星照楚乡”。据说,张居正在科举考试中确实做了手脚,“居正诸子得倩人代作”,即找“枪手”代考。

海瑞在海南听到人们对张居正的非议,自然不会置之不理,立即写信给内阁次辅、会试总裁吕调阳,提醒吕调阳要公正取士,不能为了升官而徇私巴结张居正,“公当会试天下,谅公以公道自持,必不以私徇太岳。想太岳亦以公道自守,必不以私干公也。”张居正得知海瑞写信,自然对海瑞不满。

万历五年(1577)九月,张居正的父亲在家乡去世。按照礼法规定,官员遇父母丧事,须解职回籍守制27个月,即常说的三年守丧,文献称“丁忧”。期满后照旧做官,称“起复”。但个别官员因国家需要,皇帝不同意其回籍守丧,或回籍守丧期间因朝廷有紧急公务而被召回任职等,称“夺情”。时内阁次辅吕调阳等奏请皇帝批准张居正“夺情”主事。但也有官员明确反对“夺情”。张居正担心一旦回家守丧三年,恐怕就难以再握重权。十月中旬,万历帝才决定“夺情”。这一举措在朝中逐渐演变为群臣间的争论与夺权活动。张居正对反对他“夺情”的人,或廷杖或谪戍,引起人们极大反感,“人情汹汹,指目居正”。一些人甚至把张居正“夺情”之事,“揭谤书于通衢”,即在大街小巷张贴谩骂张居正的大字报,影射张居正“夺情”恋权。

海瑞可能是“躺着中枪”,时江南地区流传着一份以海瑞名义撰写的弹劾张居正“夺情”奏疏,终于把张居正与海瑞的关系推到了对立面。据万历时黄秉石撰《海忠介公传》记载,张居正主政时,专权独断,培植一己势力,打击不同政见者,将党羽派往南京,这些人在南京“纳贿招权”,引起南京官场极大不满。人们更加思念海瑞在南京主持工作时的清正廉明。于是“吴之好事者,潜拟公疏劾张,复拟旨下罢张,且刊布南中”。就是说,有人暗中以海瑞名义上疏弹劾张居正,而且奏疏被写成小字报贴在大街上广泛流传。南京方面还要求朝廷起用海瑞为内阁首辅。但不管这件事真假如何，只会让张居正更加忌恨海瑞。张居正专门授意广东官府派人到海南暗中察看海瑞的一举一动，结果发现海瑞住几间破烂的茅草房，家徒四壁，根本不知道张居正有“丁忧”之事。之所以会如此，应该与海瑞正直、秉公办事名声太大，所以人们一想到公正之事，就会联想到海瑞，“当是时，天下知公而已，故以有正论，必自公出”。

为民篇

“权为民所用、情为民所系、利为民所谋”，这是当代中国共产党人向全世界发出的庄重承诺，也就是一切为了人民着想。古代社会自然没有这些先进的理论作为官员的指导思想，但从清官的历史发展脉络来看，他们在为官期间，几乎都是出污泥而不染，一心一意地为王朝国家，为百姓排忧解难，更希望通过他们的努力，将所治理的地方变成人人幸福、社会稳定的示范区。海瑞的重民、爱民之言行，在上述的各种行为中已经表露无遗。本篇所要讲述的故事，是能直接反映海瑞与基层社会民众互动的几个事例，从中可以让我们看到海瑞之所以能千古流芳的历史原因。

一、中规中矩丈田地

古代知县作为亲民之官，官品级别虽只有区区七品，但却肩负着一方百姓之衣食与福祉，责任十分重大，而且知县作为基层官员，能够时刻了解一地百姓的冷暖饥饱。海瑞在淳安担任“父母官”时，明代的社会矛盾已日益凸显，一方面，国家赋役的征收越来越不合理，贫者愈贫，富者愈富，人口的流动不断加剧，流民问题成为社会的主要矛盾之一；另一方面，国家对官员权力的监督逐渐弱化，官场贪污腐化十分严重，整个社会的逐利拜金形成风气，一些地方官把为官作为搜刮民膏、大敛钱财的绝好机会，而对百姓的疾苦却视若无睹。海瑞身为一位有正义感和强烈责任心的官员，每每看到百姓被重赋压得心力交瘁，甚至为逃避赋役而流离失所，深深感到推行改革，减少百姓负担、发展生产，已是迫在眉睫的要务！

所谓赋役，是赋税和徭役的合称。赋税指官府向老百姓征收的实物、银钱等，以田地为依据；徭役是官府强迫民众从事的无偿劳役，包括军役、力役、杂役等，以人丁为依据。明代的赋税制度沿袭唐宋以来的两税法，即夏税与秋粮，夏税以小麦为主，秋粮以米为主，米麦通称“本色”，但可以用丝、绢、钱、钞、银等物替代米麦，称为“折色”。本色、折色名目繁多，如绢就有农桑丝绢、丝绵折绢、税丝折绢、人丁丝折绢、本色绢的分别。

明代两税的征收是根据土地面积，再参以土地肥瘠的等级为标准。土地的分类依据土地的所有关系分为官田、民田。此外，还根据土地肥瘠、田地山塘等将土地分为若干等级，并且在明初已经绘制具体而详尽的土地登记图册，即鱼鳞图册，凡田地的方圆形状都在图表上绘出，对于土地主人姓名，为官为民以及山荡、原陂、沙卤等也都一一登记在案。税率也随之高低不同，肥沃的土地赋税高，贫瘠的土地赋税低，官田的赋税重，民田的赋税轻。

明中叶以后，攒造鱼鳞图册的里长、甲首、粮长，与州县衙门里誊写图册的书手、算手及督造图册的官吏串通作弊，将鱼鳞图册洗抹涂改，甚至故意毁灭，以致与人户田地的实际情形不符，于是百弊丛生。官绅凭借特权豁免,农民受压榨更重。特别是到了嘉靖时期,赋税和徭役摊派都十分繁重,弄得整个社会民众均疲惫不堪,用海瑞的话说,就是“贫富均惫”。不过,由于贫富的差距,他们对“惫”的感受与反映有所不同,富者出一百两,虽然有时也很费力,但还是能勉力完成。而对穷人来说,即使出一文钱,也犹如割去他们的“心头肉”。况且对有权势的富豪来说,他们会利用各种关系,千方百计地转嫁赋税负担,诡寄田地、飞洒税粮,如以官田冒充民田,或将自己的田地伪报在他人名下,借以逃避赋役,当时叫“诡寄”;又有人勾结官府,将田地赋税化整为零,分洒到其他农户的田地上,以逃避赋税,当时叫“飞洒”。海瑞在《淳安政事·家伙》中就说淳安“富豪享有三四百亩之产,而户无分厘之税;贫者产无一粒之收,虚出百十亩税差”。一些富豪、乡官占有山地,并将其开垦成为良田,但却仍旧按照山地的标准缴纳赋役,坐收厚利。豪强大族的暴虐奸诈,里甲吏胥的贪婪舞弊是导致赋役制度败坏的重要原因。

海瑞在调研中发现一个很奇怪的现象,就是淳安乡村已经没人愿意担任明初大家都乐意当的里长职位了。明太祖统一天下后,洪武十四年(1381)设立里甲制,作为户籍与赋役管理合一的制度。明太祖非常重视里长等乡村头面人物,甚至不时加以接见,给他们带来荣耀,里甲作为乡村基层行政单位,具备多种职能,对乡村社会的控制起着至关重要的作用。按常理,里长应是众人向往之职,但为何到了嘉靖中叶以后淳安却人人避之而唯恐不及呢?他深入调研后才得知,是赋役负担的沉重及赋役不均,导致了百姓逃亡加剧,许多地方里甲破碎、紊乱,其户籍管理和赋役征收的功能受到了极大影响。明朝的赋役征收是采取连带负责制,一户歉收由其他九户补足,一甲歉收由其他九甲补足,而最后的负责者是现年服役的甲首和里长,赋税徭役有何差错,县衙唯他们是问,里长、甲长不堪重负,加之淳安地处徽州和饶州之通道,倭寇之乱与平倭交相展开,路过淳安境内的上下官员络绎不绝,里长等接待费用随之增加,以致出现"里长近日人多不乐为"的局势,而里甲紊乱根源即在于百姓不堪重负,流亡现象严重,户籍紊乱。为扭转这种局面,切实可行的方针亟待推行,海瑞在《兴革条例》的户属中规定实行均徭役、查虚税,可以说是正中要害。

淳安是江南地区典型的山区县,山多地少,田地不仅少而且硗薄,出产较多的是茶叶、竹子、柏树、杉树等。全县官有、民有田地山塘共 8146 顷 36 亩,每年负担夏绢 16175 匹、农桑绢 326 匹、盐粮 3882 石 9 斗,赋税负担相当沉重;淳安赋税繁重还有一个主要原因就是"虚税极多",因明初没有丈量准确,每亩田实际上只有八分,有的地块只有五六分,却要出全额的赋税,因此农民被各种名目的税赋压得喘不过气来。

海瑞到淳安上任后,经过调研发现,淳安的赋役不仅繁重,而且分摊也不均,富户欺占隐瞒大量土地却不缴纳赋税,由于税赋征收是根据土地占有量确定,官府在核定各户土地时,富户又依仗权势,疏通各种关系,占有了当地肥沃土地,把偏远、零散和贫瘠的土地分给农民。随着农民破产外逃,地主又私自移动界桩,把农民开垦成熟的土地据为己有。有些地主还出资组织开垦荒山,但却从不交税,他们甚至串通官吏舞弊,利用"诡寄"、"飞洒"的手段,把本属自己的赋税转嫁到农民头上。

淳安地属山区,每到雨季往往都会造成洪水灾害,伴随着山洪暴发,常有田地崩坍。如果这些被毁土地原属农民所有,那么赋税还得由他们照旧缴纳;但在洪水崩坍田地的同时,又会冲积出新的田地,这些地又多为富豪、乡官霸占。不过,富人也知道占太多的田亩,其实不是好事,因为嘉靖时田亩摊派的"钱粮繁重",反而会成为多田者累赘,即史料中记载的"以田致累"。不过,在一般情况下来说,富人会比普通百姓拥有更多的资金运转,为了逃避高额赋税,他们总能想办法规避王朝法律,"富家多买地与山开垦成田,以避繁差",并把原先田亩赋税转嫁到百姓头上,因为开垦山地是"实享田利而册无田税"。即使有税,与田亩比起来也较低贱,"田地利微税重,山地利厚税轻"。一般来说,淳安县山地征收比例要低于田地,根据明代税则,山地一亩征绢 3 寸 6 分,田地一亩征绢则在 7 寸 4 分以上。海瑞在《佥大户申文》中说,淳安县曾发生一起争夺山地诉讼案,一个人承包一片山地,承包期为 30 年,只需纳税 5 分,结果在承包期间,承包户栽种的山林"卖银三百余两者”。这样低的税,又有这样高额的回报,是耕种田地做梦也办不到的。海瑞认为,开垦山地获利比耕种田地超过数百倍,“较之田地利,盖倍蓰十百矣”。正因为如此,“富家竞买好山栽木”,目的就是获取高额盈利。结果,在淳安出现这样的怪现象,占有山地的富人腰缠万贯,富甲一方,但田地亩数却并不多。因此,仅根据田亩面积来衡量各家经济实力是不准确的。淳安社会存在的有田者无税或少税,无田者反当重差,赋税负担极不公平,因虚税重压,造成了百姓的竞相逃亡,海瑞翻阅户籍登记册,其中有一半以上人逃亡在外。他因此认为必须抛弃过去那种仅凭原有测量的田地面积确定赋额的简单做法。

当然,虚税重压并不是海瑞担任淳安知县时才出现的现象,只不过,以前的官员们谁也不愿意去做这个出力不讨好的事,再说有的人本身可能就拿着富户们的好处费。当海瑞提出讨论解决这一不合理方案时,官吏们要么推诿责任,要么借口“事出朝廷,无奈之何!”海瑞不禁仰天长叹:皇帝您高高在上,没能体察到民情,官员们却为了中饱私囊,处处向您隐瞒真相,出现了百姓徭役负担“可损不损,不可增而增”的现象。他决心力排众议,决定重新丈量淳安土地,根据土地数量及肥瘠等情况确立纳税额度,以改变富户不纳税、穷人纳重税的现象,坚决打击富人“利己损人”的行为,“度田定税,不使穷富得上下其手”。

他首先向上级领导递交了《量田申文》请示,强调重新丈量土地,以“清经界、均赋役,以拯民疲,以息民争”。当时淳安县里老方惟德等联名上书呼吁丈量,因为淳安土地、赋税自从洪武年间确立以来,一直没有变化,但事实上因为天灾人祸的原因,百姓的赋税负担已是“苦乐不均”,甚至出现“有田者无税,无田者反当重差”的现象,因此,只有重新丈量土地,根据土地“使赋役均平”,这样才能“民得安生”。海瑞接着公布了《量田则例》,对丈量的方法和标准做出了详细的规定。在丈量土地过程中,有的人家田地很多却不富,因为他们的土地较贫瘠,有的人家占的田地虽不多,却拥有大量山林,家庭经济反而比较富裕。为了能保证土地丈量的准确,他亲自率领衙役到县属各里指导丈量土地工作,监督各地保书算量手照依现在的田地、山塘、坵段“从实丈量”,取消原号,一切以重新丈量为准,并勘视被水冲积而可开垦的土地,“督令开垦”,山地已开垦成田,则报入田赋。丈量后,由县里统一更正流水号册、鱼鳞形图,算出各户应缴纳的钱粮,定为赋税。海瑞十分重视丈量土地,多次深入田间地头组织测绘工作,并据此制定了《量田则例》颁布全县,要求各地依此照办,我们从中可看到其量田的一些细节。

《量田则例》的规定比较琐碎,但基本的内容就是要求各地在丈量土地时,以日升日落定东南西北方向,然后据此再定东南、西南、东北、西北等方位,等圈定好这一方位之后,再将方位内的路、山、溪等走向,依照上述方位划定,定出田地的大致界限,再细查地形的四至界限,标出具体的田地号数,凡是旧鱼鳞册与现在测绘的日升日落图不合的,完全以现在测绘的为准。他强调此次丈量,为避免差错,必须在晴天日出之日操作,看定方向,然后作图,方圆斜曲都必须与田地山塘形像相合。这样测绘出的鱼鳞图册四至清晰,不会像从前对山地的测绘因界限不明、亩数多寡而造成的"日后争占"局面。

淳安多山,以往出现"山争占者多,盖由界至不明,图画难晓",他要求此次对山地的丈量测绘,采取折倒画法,"今丈量山折倒画",不能画成像平面的田地。为此他还画了许多示意图,要求各地对照执行。因为山高,测绘的时候,"画其面不能画其背,画其左不能画其右",但是一旦将山折倒画,则一座山的周围前后左右"凡有号第界至俱明白在图",即使半山腰有标号也会一目了然,不会有丝毫偏差。他还规定,鉴于以前田地产业争论很多,此次丈量只以现有业主为准,"今日丈量止以现今管业人佥为业主,不论前事"。他在《禁约》中还规定,里老要经常劝导百姓"趁时耕种",对于那些长期无人认耕的荒田,将由县衙做主将荒田分给没有产业的老百姓耕种。

在淳安知县海瑞的笔下,当地田地数量混乱不实的情况处处可见。淳安在严州府属邑中是最不利的,一亩实际只有五六分,建德县则好些,一亩有八分,遂安则一亩足一亩。对于山地的丈量淳安亦是混乱不一,在淳安是一亩可能只有"一亩弓步",也可能记行“五七里远”，在遂安则干脆用喊叫声进行测量，所谓“此呼彼闻为一亩”，这肯定无法得到较为准确的数字。加上淳安山多田少，明前期对于山场的控制没有引起足够的重视，赋税结构还是以纳丝绢为主，山场没有完全进入到赋税系统中，对山的课税很少或者没有对其核定的必要性亦减弱。由于山承担赋税很少，到嘉靖初年，淳安与杭州昌化交界地还是只有田税而没有山税，嘉靖《淳安县志》卷十五记载，当时淳安知县姚鸣鸾在《淳昌二县界石记》说：

> 淳昌二邑为浙杭严属，地相连界，我国初兵乱之后，人物鲜少，林木繁茂，峻峰崇岭，险阻难夷，率皆抛荒蓁芜，未有人以经理之者，既而披舆图载版籍，淳邑则有田税，昌邑则有山税。

明前期的赋役结构重在对人的控制，特别是里甲制度的实行，主要按照户的等则来定役的轻重。而在这样的背景下，山场成为调节人们生计和脱离赋役系统的中间地带，山利被继续开发着，木材业再度兴起，在一定程度上促进了贸易的发展。

明代后期，倭寇之乱使得各种加派增多，东南之困已久，淳安在这样的背景下也是“额外加增，不可胜数”，加上自然灾害，结果使得疲敝之民逃亡大半，里甲制度败坏。同时，嘉万年间，一条鞭法于此全面实施，对于田少山多的淳安，以役定赋，将一州县的役额摊之田亩之中，也使得淳安赋役增重，大量流民增加，虚税日增，赋役不均。

海瑞担任淳安知县时,“查得通县洪武初人七万七千三百七口,嘉靖三十一年册止四万六千口,减额之多若此。自国初至今人口不啻数倍之矣,而以渐减额何?欺隐之弊也”。“初阅册籍,民之逃亡者过半”。

加上里甲正役之职也在不断变化当中,明初时仅负“催征钱粮,勾摄公事”之责,别无他事,明中后期官府渐将岁办上供物料,以及一切官府公私所需,如乡官交际、宴饷、造作、祭祀、馈送、夫马等项,皆责令里长营办,于是里长也开始逃亡。海瑞在《兴革条例》中有具体说明:

> 淳安县田地山虚税最多,比之他县迥远,如三十一都一图逃去六甲商绍先;三十都二图逃了二甲余进清,五甲胡思广,六甲张士与,七甲张永祥;四都逃了六甲汪庆教;八都上四图逃了六甲项子福。至是年则缺是里长,一人尚存则佥为里长矣。逃者人丁田产之尽而后逃也。其余虽有里长,而共里分系三分五分者多有之。若佥本图人充收,是促之而使尽逃也。逃流不能招回,虚税不能清理。

有些里逃得只剩下一人,则由这一人充当里长,这无疑是行不通的,结果使得更多人逃离。淳安的里甲制度到嘉靖年间已经败坏,这样就形成了很多的虚税。所谓“虚税”,就是征收不上来的税粮。

而虚税形成的另一个缘由则是土地丈量的问题,所谓“淳安县各图虚税极多,访之因国初丈量,亩不足数”。上文已经揭示明初这里的土地丈量更多地继承了宋代的传统,而没有真正实行核实清丈。且自丈量以来,到嘉靖时“积有冲荒欺占,飞洒挪移之弊”,又流水册山场名四至差讹为甚,这样亦使得赋役不均,所谓“富豪享三四百亩之产,而户无分厘之税。贫者产无一粒之收,虚出百十亩税差。不均之事,莫甚于此”。更促使了贫户的逃亡,如此使得虚税成为一个很难解决的问题,并且不断增加。海瑞要求从实丈量,清理山地开垦成田未经升税等事,令山地成田者报升田赋,补足原额。

海瑞在淳安知县任内,奏请在淳安先实行清丈经界,所谓“严州府淳安县为乞清经界、均赋役,以拯民疲,以息民争事”,希望通过均平丈量,使赋役均平,民得安生,争端平息。淳安县在嘉靖前有过清丈田地,但因委托不得其人,富户不愿均其田,最后无果而终,直到海瑞时,才有具体的清丈方案即《量田则例》。其中大部分内容是说明山场的经界丈量方法,因山高,画其面不能画其背,画其左不能画其右,所以此次清丈使用“折倒法”,具体方式如下:

折倒画使一山周围前后左右凡有号第界至俱明白在图。山腰又为一号者,界于山腰。山又接山者,又画山。山下有田地者,画田地。山下止有一流水坑又起山者,画一坑形,又画山。逐一皆就地形画,不可少差分寸。如陇大画一画,如降小画一画,坑画二画中点数点,湾画二画不点,盖像陇降坑湾之形也。界画上写陇降坑湾字，大小双点仔细看各界至而止，不可少差分寸。尖不能画，盖画山面之尖，则山背又无尖了。止于两尖界上写一尖字。若抵别图界之山，则如流水上画于外，写某都某图界。盖山在界上则一画在本图，一画在他图，可以画其形像也。山折倒画，大抵形像不能与山形合，多是上狭而下阔，或彼此相让地步，使四至合形，则当大画而反小，当小画而反大，当直画而反曲，当曲而反直，多有之。所以如此者，盖必欲四至合，顾形像不能画同也。如四至是陇降坑湾，中又有二三个陇降坑湾，须画出两三个陇降坑湾之形。流水册四至陇降坑湾下，仍写中又有几陇几降几坑几湾，使日后妄争者，不得指东作西。

通过这种鱼鳞图山折倒画，可以把各都图山地利用载入版籍图册当中，四至写明，为日后争端提供裁断依据。当然对于山场的经界还需要具体的方法来量定数额。之前的山场是亩数多寡不均，到这时，海瑞要求下弓步或者牵绳来测量，同时规定了具体的折亩比例，"今量山可下弓步者下弓步量，不可下弓步者牵绳量。麻绳或伸或缩，须用棕用篾乃可。且就三亩积七百二十步定为一亩。甚至不可绳者亦须料量广狭。合三亩弓步定为一亩。然料量广狭，必须勉强绳量数处，使眼见过知若此高若此阔为若干亩，见过多了熟了，然后不用绳止是用眼看，估计方能不差。如稍可下弓步牵绳者，仍须下弓步牵绳。受数日之劳，可使千百年无争。决不可惮其烦难,而不下弓步牵绳也”。

在规定了测量方法和折亩比例之后,由于山地亦有肥瘦之分,所以要定其等级。所谓“丈量山亦须相其肥瘦,或土或石,或峻或平,锄□多收减收,宜柴宜木,或便水或深僻,数者之中,参酌定为九等。候本县亲自登山同众看议,将原定等第并亩数参酌更定亩数”。这其实也是为折纳赋役奠定基础,以便更好地折合成赋额。

《量田则例》的规定非常详细,但丈量的目的不是为了添加田地山塘数量,而是要补足原额,所谓“山地成田者报升田赋,以裨不足。果系虚粮无管者,即与除豁,凑成原额”。所以在清丈山场时主要是保持对原额的继承,正如海瑞所说“山原有额数不可减,今亦不为之增。且就三亩为一亩,待后酌量其山之肥瘦,利之多寡,增减以合额数”。不过此时补足原额的部分多为山场部分,所以淳安的山地应该更多地被纳入了赋役系统。另一重要目的是查清四至,使争端平息。最终目的是为均赋。随着赋役制度的改革,到一条鞭法实施,田土重要性被加强,以丁随田,以役定赋,役重则赋亦重。嘉靖年间淳安丁田银是“丁田之外,更无丝毫应纳钱用,谓之丁田。丁,人丁,田,田亩也。人一丁准作田十亩”。赋役征收以丁田为标准。在里役均徭中,“田当重差加银多,人当轻差加银少”,但每丁出里役银三四两,均徭银亦每丁有一两二钱之数,不可谓不重。时山多田少的淳安,田地所承担的赋役远超过山场,为了均赋,将山场折成田土来承担赋役已成大势所趋。海瑞把山场纳入均徭中,“访之他县有将地山编均徭者。淳安上地可敌中田,好山得利迟,较田地利加倍亦有之。编佥丁田,遗了山地,非不均乎?窃意当以三亩地当田一亩,以九亩山当地三亩。人田山地并入编佥。分于此则轻于彼,小民受惠多矣”。自此,山开始成为重要的赋役征派对象。之所以如此,是因山中得利丰厚,“淳田少山多,肥者则栽杉,杉之利溥而迟,栽杉之费亦颇重,十年一伐荒,至三十年始成材可伐,当杉利盛时,岁不下十万。”

二、基层调研均徭役

海瑞平时外出调研，总是自带干粮，“随行吏书自备饭食，无丝毫侵用于民”，只有这样，他才“心觉爽然”。他规定各个衙门凡是出行，“俱自行供应夫用”，且衙门中人不能随意领取出差费，不许在中途征用乡夫。他用实际行动保证了县衙制定的规章制度能在各地得到落实。在别人看来不可能的事，在海瑞看来都是常理。

为了在淳安掀起节俭的风气，他甚至在《禁约》中规定，酒店只能卖饭，不能卖酒，“禁各图酒铺不许卖酒，改卖饭，将酒器送县镕毁，领回改造饭镟”。饭镟即饭碗。传说，某年夏季，海瑞带着随从前去河村私访,不知不觉,已经落日西沉,海瑞只能在河村留宿,但河村没有旅舍,海瑞又不想打扰百姓,他和随从一起到山上一间寺庙里过夜。海瑞睡到半夜被蚊虫咬醒,却听到楼上好像有人在拍打蚊虫,正生疑之时,忽然传来小儿啼哭声。海瑞预料这可能是一户人家,于是马上和随从动身借着朦胧月色,摸到村外另一间寺庙过夜。天亮以后,海瑞去昨晚住过的寺庙探访,才发现这是村里的祠堂,里面住着一户贫苦人家。海瑞当即叫随从拿出些银子给这户人家添办蚊帐。这就是在淳安流传至今的“夜走河村”故事。

海瑞在乡下调研时,体察民情,与民同乐。据说,海瑞一次在淳安的梓桐源考察,看见一位年迈的小脚老太太在水田边徘徊,遂上前问明原委,并和随从挽起裤脚,下田替老太太插秧。插秧完毕,老太太只能以麦片粥招待他们。海瑞闻着香喷喷的麦粥,随口说“这是珍珠粥”。从此,梓桐源一带每当新麦登场时,家家户户都要煮上一锅麦片珍珠粥,一家老小围着吃喝,也是对海瑞体察民情的一种纪念。

淳安的徭役负担比赋税更为繁重,明代初年,徭役分为两大类:除里甲一役是正役外,其余都为杂役。正统初年,渐渐从杂役中把一些经常性的差役划分出来,并纳入“均徭”这个新名称下。自此,明初里甲、杂役二分法被“里甲、均徭、杂役”三分法所取代。从应役的客体来看,以户计的名曰“里甲”;以丁计的名曰“均徭”,

其他一切不定时的公家差遣,则叫"杂泛"或"杂役"。

所谓"里甲",是乡村基层的行政组织和供应赋役的单位,是一切役法的主干,以地域相邻的一百一十户为一里,一里之中推丁及资产多者十户为长,名曰里长,其余一百户分为十甲,每甲十户,每十户之内,各设甲首一人。每年由里长一名、甲首一名率领一甲应役。这样,每十年之中每里长、甲首与每甲皆轮流应役一次,此所谓"十年一周,周而复始"。里甲之役,在管理和应办一里一甲的事物,如督催钱粮,追摄公事。

均徭是明正统后,服务于官府的有经常性的杂役的总称,如自京师以下至省府州县衙门里的皂隶等,均是从均徭下支应。均徭是按家产及人口多少抽人服役。家境好、人口多应多服,家境差、人口少则少服,所以叫均徭。均徭大致分两类:一为力差,二为银差。凡以亲身充役者叫力差,如保安、巡夜、押运、做饭、挑夫、看仓库等活,需亲身前往服役(但其后也有人自行雇募);入银于官,由官招募他人应役者叫银差,如供给官府、学校和公有部门柴火、马匹、盘缠、纸张、厨料等,都由民众自送或交钱替代。均徭以人户的丁田为根据,户则高者派重差,户则低者派轻差。故力差多派归富户,银差多派归下户。

均徭以外,一切非正常的杂役,均名杂泛,这些都是因事临时编佥的,每年有损益,其范围与重要性都远不如里甲、均徭,杂泛的项目有抬柴、修河、修仓、运料等。此外,还有驿传、民壮等特殊的役。

明朝赋役实行人、地并征制度，政府向土地征收田赋（夏税秋粮），同时又对编户齐民按“户”和“丁”征派徭役。按户征派的徭役称“里甲”，即由人户充任里长、甲长之役。按丁（16—60岁的成年男子）征派分为“均徭”和“杂泛”两类，前者为有一定名额的较固定的徭役，又叫“常役”，如充当粮长、解户、马船头、馆夫、弓兵、皂隶、门禁等；后者为官府临时签派的杂役。徭役征发最初以力役为主，后渐以银代役。由于大户隐瞒丁口而脱免差役，或改变户籍而挪移人户应役次序，使本来就繁重的徭役越发不公平，加之淳安处于新安江中游，徭役也就特别多，一般官员经过至少要用银子二三十两，高官经过则花费更高，多达一二百两。

嘉靖时，均徭从中央到地方征派的名目达50个左右，“民间不苦朝廷正差，独苦均徭里役”。均徭虽名为“均”，实为“不均”，贫民之家每丁一年少则要出一两二钱银子，多的高达十几两，而富绅们往往有办法为自己找到减免的途径，在实际运作中根本达不到公平，加上官吏徇私舞弊，上下其手，给人们带来了莫大的痛苦。

海瑞时刻关心百姓疾苦，从他自己整理出版的淳安工作记录看，其足迹几乎踏遍淳安山山水水，对乡村百姓的负担、想法了如指掌。正因为他通过调查掌握了大量的第一手资料，所以对许多社会问题都有自己的独特见解。海瑞在《均徭书》中认为，均徭的本意应是“均平如一”，但执行时却无法做到真正的均平。他对

"均徭役"有自己的理解：

> 徭而谓之均者，谓均平如一，不当偏有重轻也。然人家有贫富，户丁有多少，税有虚实。富者出资百十两，虽或艰费尚有。从来贫人应正急，致变产，致典卖妻子有之。若不审其家之贫富，丁之多少，税之虚实，而徒曰均之云者，不可谓之均也。

也就是说，富裕人家出十两乃至上百两，有时虽然较费力，但他们的经济来源相对较多，而贫穷人家尽管是上缴正银，有时也不得不变卖地产乃至典卖妻子儿女。这种表面上看起来的"均"，背后却隐藏着不公平。他在《兴革条例》中说，淳安县在洪武年间有7.7万多人口，可到了嘉靖时本来应增长的人口数却在户籍册上只有4.6万。这一数据明显是因为躲避差徭而故意隐瞒漏报所致。然而，尽管户籍上的人口在减少，但差徭却不仅没有减少，反而在各种名目下增多。而且人口越少的家庭承担的徭役越重，"户有二三百丁，只报五六丁，户有三四丁者报二三丁，户只一丁者尽报之。隐者五六十丁役一丁，不隐者丁丁着役。孤丁得重役"。而不得不承担重役的百姓，"轻则逃流，甚则被苦而死"。由于均徭名目繁多，百姓每丁竟要承担三四两的赋税，而原来均徭的"正数银"负担是每丁约六钱。后来，不断加耗的均徭银数已超过了正数十倍乃至百倍，以致当时人们见面谈论的话题"无不以钱粮繁叠为叹"，百姓"无不以钱粮为苦，生悲怨者"。百姓对官府的均徭愈益不满,乃至愤怒。

海瑞针对这一社会现实,痛切地指出,均徭应像明初规定的那样,富者当重差,当银差;穷者当轻差,当力差。例如“铺兵”(负责传递公文的徭役),此为负担最轻的差役,应当让极贫和因虚税而想逃亡的人来担任,皂隶、禁子等差役,应编在与各县邻界的地方,而铺兵、渡夫等应就近编在地方,一律不许按人丁均役,而是按贫富、占田多少承担徭役,“富者宜当重差,当银差;贫者宜当轻差,当力差。其富家有户,户下有人,贫而田少者,偏以重差。不许照丁均役,仍照各贫富,各田多少。贫者轻,富者重,田多者重,田少者轻,然后为均平也”。面对淳安富人占有大量山地,从中得利,因此海瑞将山地编入丁田,这样一来,占有大量山地的富人再也无法逃避服徭役,“分于此则轻于彼”,使得服徭役的标准更加公平,淳安百姓受惠极大。海瑞对均徭的改革在贫富问题上做出区分,将山地列入丁田,切实解决了贫穷百姓的疾苦,不仅如此,对各里甲徭役的服役顺序和服役方式,海瑞在向上级的申文中也提出了自己的方案,建议将徭改为五年一输,那么百姓按里甲为单位可集中一年服役,有四年的时间得以休息。

另外,各里甲徭役摊派也轻重不公,如淳安县六甲不久前已经“补役”,如按此改革,再次服役,未免困者未苏,影响百姓生产。海瑞将十甲逐一考量,逐一排写,决定以七甲开始服徭役,这样一来,就可以免去六甲在短时间两次服役,也免去了一甲二甲均徭、里役、丁田一起承担的现象。可是海瑞决策的结果下发到里甲，各里甲相互扯皮，谁都不原意成为改革后的第一个服役单位。其实，改革所导致的重复是不可避免的，要做到绝对公平也是不可能的，在沉重的赋役摊派到百姓身上时，海瑞能做的只是将这种负担力所能及地减到最低。严州府看到淳安各里甲之间争端不断，为避免更多的争执发生，只好硬性规定仍从一甲开始服徭役，海瑞在无奈中只好接受，但他在向上级的禀帖中仍认为一甲“一年三役并重”，负担太重，他站在百姓的角度直接反对上级所做出的规定，也可看出海瑞实心为民办事的良苦用心。

嘉靖四十年(1561)，严州府知府张任接到浙江布政使司转发的钦差、总督浙江的胡宗宪关于朝廷急需木材要求严州府遴选大户买木的文件。严州府指定要求淳安迅速从该县黄册中查出“丁田最多殷实上户”四名，将其所在的都图、年龄、长相等秘密上报到府。海瑞接到上级指示后，立即从黄册入手，检查了淳安的殷实富户中多田产者，又亲自深入民间社会，“博访素有蓄积之家”，完成上级要求的大户四人，并将稍次者一人作为候选，上报严州府。不过，海瑞对上级这种摊派明显抱有抵触情绪，并没有认真审查年龄、相貌，“无从审取年貌”。

海瑞当年清丈土地的情景已无法再现，今人只能凭想象去揣度。他从土地入手进行均徭役、查虚税的改革，可谓牵住了乡村社会的牛鼻子，除弊兴利，发展经济，稳定人心，这是海瑞从政的高明之处,得人心之举。这种举措必然会遭到富户与官吏的反对,要冒很大的政治风险,但这正突出表现了他刚强正直之一贯精神。海瑞对赋役负担的分配,本着富者多摊、贫者少摊的原则,缩小了两者之间的贫富差距。淳安在海瑞主持下的丈田均赋改革短期内见效,史书上用“民困渐苏”加以表述,不少逃亡在外的穷苦百姓,也陆续回到故乡安居乐业,海瑞的改革能收到如此好的效果,表明了其有锐利的政治眼光。

明中叶以后,随着火耗加收的合法化,地方官员在征收时更是耗上加耗,以此中饱私囊。淳安流传“定耗银”就是反映海瑞革新这一弊政的故事。明代淳安百姓称征收钱粮人员为册书。海瑞有一次接到进贤乡民联名上告本乡方册书在收钱粮时,故意压低银色,多收耗银,比县衙规定的耗额还多出一倍。海瑞立即传唤方册书,询问他为何擅自加收耗银。方册书只得据实禀报说,淳安县历来风气都是县吏衙役赴乡催征钱粮,每次都要到册书家用膳,而且非酒肉招待不能满足这班衙役的胃口。他们隔三岔五、三五成群地下乡,百姓根本不敢慢待这些人,否则在纳银入库时就会受到百般刁难,要么说银色不好,要么说分量不足,反正会找出种种理由。无奈之下,册书在征收耗银时才会利用职权多收银两,既是为自己考虑也是为百姓考虑。海瑞明白了方册书的难处原来是书吏差役下乡大吃大喝的结果。他立即召集县衙所有书吏差役训话,规定以后凡因公务下乡,必须俭朴行事,用膳也只能是平常饭菜,若再鱼肉百姓,将严惩不贷。他亲自拟定《定耗费告示》,派人到四乡张贴,规定凡钱粮加收耗银,正数外另加二作耗,即一两加二分,十两加二钱,百两加二两,凡在耗外多收者,以贪赃罪论处。淳安百姓齐声称赞海瑞为民办了大好事,是真正能为百姓做主的“青天大老爷”。

淳安民间流传的“定耗银”故事,在《海瑞集》收有《定耗银告示》文本,说明淳安民间有关海瑞的传说有一定根据,也说明海瑞“定耗银”的改革在当时家喻户晓。根据海瑞发布的告示可知,造成淳安各项钱粮耗银的多寡不一,是上级衙门存在称兑钱粮银两轻重不同所造成,而不是传说故事中所云的书吏差役下乡吃喝所导致。由于上级衙门兑银的轻重不同,且又“朝更暮改”,老百姓平时只负责把应纳银两送到各乡,“小民岂能遍知”,即根本不了解“彼一时重,此一时轻”的变动。那些掌管钱粮征收的册书乘机“多收耗例,比比有之”,加重了百姓的额外负担。海瑞在告示中规定,自嘉靖四十一年(1562)四月开始,凡各项钱粮尽是正数外,别加二分作耗。之所以定为二分耗,海瑞认为这在当时只是一个“中数”,大概是既不太重也不太轻,这样在上缴时上司“兑轻则剩,剩亦不多,兑重则赔,赔亦不多”,而且兑重的情况往往是贪官污吏干的,这一情况不会太多,因此对百姓来讲,这个中数“或补或赔亦易也”。若出现上司称兑加重出现漏洞,则以平时称兑轻时剩余银子补充,即使不够补充,也不再分摊到百姓头上,而由各乡富户里长“领解”分担。正因为如此,海瑞庄严地承诺“二分之耗,一定不改”。为了将“定耗银”告示真正落实到实处,海瑞特别鼓励全县老百姓在遇到书吏多收耗银时,可随时到县衙告状,他一定会为民做主:

> 凡各项钱粮纳者止出二分作耗。收者止取二分作耗,外有多取者,许不时赴县呈告,以凭重治。

不仅如此,海瑞还在《定耗银告示》的末尾,明确列出了全县钱粮加二分耗银的具体名目,也列出了不能加耗的详细名录。

明代还向各地征调地方特产的物料,来满足皇室及各级官府的特殊需求,名目相当繁多,如每年由地方进贡物料,称岁办。如果进贡的物料是定额的,即地方按定额征解、造办,即称“额办”,县志中所说的“岁供”,就是常说的“额办”;当地方进贡的物料不能满足需求时,官府出钱加以购买送入京师,称采办;而官府额外指定征调或不定时的征调,即称“坐办”、“杂办”,具有不定时、不定额、不定物料种类等特点。嘉靖时期,随着商品经济的发展,人欲横流,统治者的胃口也愈益膨胀,宦官四出采办,大肆搜刮。征调物料由工部掌管,海瑞在《兴革条例》中的“工属”部分,就谈到了淳安县的物料征调主要有:额办物料包括军器、胖袄裤鞋、药材、槐花颜料、麂皮;坐办物料包括船料、缎匹丝料、水牛皮、历日纸、梨木板;杂办包括战船料、省城家伙、科举、新茶芽、庆贺、冬夏布花木炭等。当然,所有这些物料的征调,在明中后期普遍纳入“里甲丁田”中折银征收，如淳安在嘉靖三十七年(1558)至三十九年(1560)每年为慰问孤老人征收的冬夏布花木炭银九两，但嘉靖四十年(1561)因为天气寒冷的缘故，额定的九两银子肯定不够，孤老方旭等为“急救孤贫寒冷”，申请在“丁田内加派银一十一两”。海瑞在征得上级官府批准后，同意征调。

“分水石”的传说，在淳安县威坪镇横双陆家村至今尚有一块巨大的石碣，上面刻有两条大小深浅不同的石槽，传说这是海瑞留下的“分水石”。嘉靖三十九年(1560)淳安大旱，一个多月没下雨，连河水都断流。老百姓起早摸黑地从新安江车水、挑水抗旱，但仍无济于事。海瑞不顾天气炎热，日夜在乡间奔波，察看苗情，踏勘水源，劝说百姓抗旱。时五都源的源头小溪尚有水流出，但百姓因抢水而不断发生纷争。当时东田畈村与西田畈村为了争水，甚至发生了聚众斗殴事件。海瑞闻讯，马上带人连夜赶到五都源查访，他招来两个村的族长到田头实地踏勘，询问发生争执原因。族长各执一词，争吵不休。海瑞又私下找两个村的老人访谈，了解石碣原是两村按亩出钱共造，只开了一条水渠，因西田畈在上游，水经过西田畈再流到东田畈，平常年景无所谓，一遇天旱，双方总要争水。前任洪知县听信西田畈村一面之词，按照水往低处流的原则，规定西田畈先放水，东田畈后放水。遇到天旱，两个村争水的问题并没有解决。海瑞决定带领两个村先丈量田地，东田畈十五亩，西田畈二十亩，并根据田亩数，海瑞叫石匠凿平一块大石头，再在上面开了两条深五寸的石槽,东边的阔十五寸,西边的阔二十寸,将大石头平放在石碣上,各自在石槽下面挖筑水渠,一条到西田畈,一条到东田畈,任水自流。他聚拢两村百姓宣布设定分水石,水按田亩均分,规定今后两村百姓和睦相处,不准再生事端。自此以后,两个村和睦团结,同力抗旱。直到现在,当地百姓仍叫这块石头为“海瑞分水石”。海瑞分田水也在淳安西乡一带长期流传,据说,五都源里(今威坪镇横双一带),至今沿用的“亲睦”、“义合”等村庄命名就源于此。

三、条分缕析断疑案

明太祖朱元璋建立明朝后，十分注重法律的建设与普及，亲自参与制定和颁布了一系列法律规章，并规定各乡里要定期向民众宣讲。明初法律的普及，大大强化了人们的法律意识，邻里发生纠纷多会寻求司法途径进行维权活动，各类史书对此使用了“健讼”、“好讼”加以记载。海瑞在淳安知县任内重视法制建设，大有依法治县的趋向，他一到淳安就制定和颁布了《兴革条例》，成为他在淳安施政的一大法宝，以后又根据情况，不断推出各种法令，努力营造淳安官员在工作中“依法办事”、“有法可依”、“执法必严”的氛围,淳安民众群起呼应,依法维权成为风气。明代的知县官不但是一个县的最高行政长官,而且也是一个县的最高司法长官,他们除了需要处理日常的行政事务外,还要处理大量的民事和刑事案件。海瑞在淳安知县任内,审理各种案件也是他工作的重要组成部分。

明代江南地区的商业发展突飞猛进,拜金逐利之风在社会上广为流行,利益纠纷接连不断,民间诉讼维权的案件层出不穷,城乡普通民众与法律发生联系已非常普遍了。明代人朱察卿在《朱邦宪集》卷十四形象地刻画了当时江南地区的诉讼情况:“白发黄童,俱以告讦为生。刀笔舞文之徒且置弗论,而村中执耒荷锄之夫,亦变为雄辩利口。……竟入市市纸书诉词,郡中为之纸贵,一肆中有日得三十金者。……今市廛之徒,言讼者十家而九,田亩之夫,言讼者十家而八。”这段话的意思是,江南地区不分老少都喜欢打官司,文化人如此,农民也如此,城市市民十家有九家打过官司,农村村民十家有八家也打过官司。由于打官司需要买纸写状词,以致卖纸的店铺发了大财。朱氏之言或许过于夸张,但至少表明江南城乡百姓打官司已十分普遍。明代规定,诉讼双方在通常情况下,都必须以书面形式进行诉讼,原告提交的文书叫告词或告状,被告为了反驳而提交的文书叫诉词或诉状,诉讼双方的文书统称为呈词、呈状或词状,统称词讼。

明代中叶以后,江南地区民众依法维权的现象在淳安也相当普遍，海瑞在《兴革条例》中就指出，“淳安县词讼繁多，大抵皆因风俗日薄，人心不古，惟己是私，见利则竞”，人与人之间尔虞我诈，世态炎凉，人情纸薄，亲情被私利所取代，“弟不逊兄，侄不逊叔”，为了争财，兄弟之间屡屡对簿公堂，嘉靖时，淳安有人作《劝歌》加以规劝：

五常万古有，兄弟岂非伦，世风何不古，偏伤手足情。
父母生兄弟，赋性本同根，长成既婚配，妯娌更宜亲。
或听妇人言，或为财产争，渐至仇莫解，诘告两家倾。
我今劝吾民，须念同根生，同根相煎急，恐伤父母心。
张公九世居，忍字可调停，兄弟如手足，古语岂不闻。
万勿操戈矛，有如禽兽行，况奉旨廷谕，朔望讲读频。
天理与王法，提命何谆谆，勿视泛常语，勖哉永相遵。

兄弟本是同根生，却因争财产而屡屡同室操戈，一方面反映了社会道德风气的下滑，另一方面也体现了淳安人对法制的重视。血亲邻里之间即使因为生活中发生的一点小小芥蒂，也是通过司法途径进行解决。当然，不可否认，由于明代的法制建设仍是人治，法制不可能很健全，一些人于是千方百计钻法律的漏洞，以兴讼为能事，淳安就出现了一些以打官司为荣的人，社会上甚至崇拜屡屡因打官司而获胜的人，以“行诈得利”之人为英雄，以“健讼得胜”之人为壮士，所以导致诉讼之风愈演愈烈。这种风气的形成，海瑞以儒家的伦理标准为参照，认为这是当地人“不知讲信修睦，不能推己及人”的结果。

明代民众的诉讼主要集中在婚姻、田土、斗殴、偷窃、田粮等民刑事方面,这些案件一般都可以在县一级官府进行终审结案,无须向上报送,明代法律术语称之为州县自理案件。淳安是一个山区县,境内因争山而发生的诉讼案件较为繁多,县内流传的“山无界,直凭赖”民谣就是明证。所谓“赖”大约是说,只要你持续不断地诉讼,就可以将山头占为己有。海瑞在《兴革条例》中描述说,淳安民间诉讼争山占了一半以上,“至今县中词讼,每状十纸,争山必居五六”。由于传统“义利”价值观的松懈,百姓在诉讼中多争强好胜,“必欲己胜,必欲利为己有,至死不口服”,这不仅给官府判决增加了繁重的取证工作,更主要的是败坏了社会风气,海瑞使用了“可痛也”,表示对淳安诉讼风气的无奈。明代官府不鼓励士人参与诉讼活动,接受过学校教育的淳安士人大部分都遵守了国家的规定,这对净化社会风气大有裨益。海瑞有鉴于此以知县的名义召集各乡老人,要求他们出面“劝各人户有子弟令就学”,并亲自为乡村社学遴选教师,这样做的目的一方面是“县官正事”,另一方面是想通过他们来减少民间诉讼,进一步达到“息讼”的目的。

淳安人依法维权意识的浓厚,从某种意义上来讲,是社会进步的一种体现,海瑞在《兴革条例·刑属》中一连用了“多讼”、“好胜”、“好讼”来表达淳安人对法律的依赖。根据海瑞的描述,淳安的许多诉讼多是人们在平时生活中或因口舌之争，或因一些小事等而引起的，但由于官府处理不到位，一些微小的纠纷慢慢积怨成隙，以致诉讼“终不休止”。通过司法途径解决纠纷本来是一件好事，但由于好胜争强的心理在作怪，诉讼双方为了能在诉讼中获胜而不在乡民面前丢失颜面，往往又送礼贿赂审案官吏，以赢得官司的胜利，使得案情变得愈益复杂，“讼者求胜，多通贿赂求情嘱，百计取财为讼事费”。这从一个侧面也反映了淳安之所以诉讼成风，还与官场审案者的腐败密切相关。法官接受当事人的贿赂，自然不可能公正判案。一些居心不良之人正是看中了审案者的这一漏洞，往往大兴诉讼，以求获利，甚至不惜上演“以人命诬人”的把戏，明代法律称之为“图赖”，类似今天所说的“碰瓷”。所谓碰瓷，意思是当A在闹市中悠闲逛街，B端着一个劣质瓷瓶有意往A身上撞，瓶失手落地碎了，马上就会过来几个人，说B的瓶是祖传古董，价值连城，A只好赔钱了事，要不然就甭想脱身。图赖中的原告均以受害者的身份向官府告状，官府也以“苦主宽之”，而作为被告的“凶手”其实是被诬告者，即使案件最终查明，但被告也因没完没了的官司弄得家破人亡。海瑞对此感慨地说：“昔人谓好色是色鬼迷，好货是货鬼迷。淳民喜讼是被讼鬼迷也。迷不能返，不知何故！”他对淳安屡禁不止的健讼风气痛心疾首。

按照明代诉讼程序的规定，原告必须向被告居住的州县提出告状，一方若对判决结果不服，可向府一级衙门上控，如果知府审判不公，还可依次赴省衙门控告，直至赴京师“京控”。但严格禁止越级诉讼。由于明代司法程序比较顺畅，诉讼双方在县衙审结后，败诉方总会千方百计赴府甚至更高一级衙门申诉，结果在县衙被判败诉的，到了府衙却被判为胜诉，于是另一方败诉者再到省级衙门告状，结果又获胜诉，如此反复，使得同一个案件在不同的衙门审结的结果完全相反，百姓对此无所适从，“小民耳目为之眩惑”，案情也会在不同衙门审讯中因吏胥的作伪越来越复杂，“吏胥案牍由是混淆”。之所以同一诉状会在府衙及上级衙门复审中出现与县衙不同的判决结果，通常是因为上级衙门办公地点距离百姓较远，对案情往往不明就里，一看到申诉人千辛万苦、跋山涉水来上诉申冤，就在心理上产生同情感，在判案时自然会偏袒申诉者，从而助长了百姓的健讼心态，“小民好胜，谓再诉于上，纵不大赢，亦可小胜，将不讼之乎？”上下级官府对案件审理态度和结果的不一致，实际上是引起民间争讼不断增多的一个重要原因。

海瑞认为，县衙是最低一级的官府，和老百姓在空间上和情感上都最为亲近，对案情的了解也最为清楚，对案情有关资料的收集也最为原始，他说“狱贵初辞，县官所问正初辞也”。一旦这些词讼辗转到达上级衙门，一些案情资料就有可能被吏胥从中做手脚篡改了。因此，他要求上级官府若遇到百姓申诉案件，应当发回县衙，责成县官再去查案审讯，上级衙门“不可轻为翻案”。上级官府要充分相信县衙的司法工作，面对上诉不要轻易翻案，也不要以提高工作效率为借口催促下级快速结案，应给基层官员充分的办案时间，让其周密严谨、公平公正地审理案件，最终在基层解决问题，而不至于层层升级，导致健讼不断蔓延。

明代限于断案的技术与条件有限，以及当事人为了取胜而可能弄虚作假等情况，总会出现一些疑难案件难以断清，海瑞在淳安时就经常遇到这类案件，他说：

两造具备，五听三讯，狱情亦非难明也。然民伪日滋，厚貌深情，其变千状，昭明者十之六七，两可难决亦十而二三也。二三之难不能两舍，将若之何？

这段话的意思是说，在诉讼双方均出庭陈词辩论，即"两造具备"，县衙经过多次的问话审讯程序，即"五听三讯"，案情不难明了，一般情况下会有60%—70%的案件可以查清，并依法裁判。但由于当事人的"民伪"行为越来越高明，会有20%—30%的案件，双方的证据和论证难分高下，无论判决何方胜诉，法理上都不为错。所谓"两可"如口头契约或文字契约的口头修改，裁判者依据已有信息和证据，双方权益值得同等保护，无论把争议财产配置给谁都不为错。此外，还有大约10%的案件由于没有或缺乏证据，完全无法决断。海瑞对不可避免而产生的"两可难决"疑难案件的处理，可以说是奉行了儒家的伦理道德观：

凡讼之可疑者，与其屈兄，宁屈其弟；与其屈叔伯，宁屈其侄；与其屈贫民，宁屈富民；与其屈愚直，宁屈刁顽。事在争产业，与其屈小民，宁屈乡宦，以救弊也。事在争言貌，与其屈乡宦，宁屈小民，以存体也。

所谓“救弊”，海瑞解释为乡宦通过各种“无所不为”的手段“计夺小民田产”，为富不仁，故曰救弊；所谓“存体”，就是乡宦小民有贵贱之别。应该说，海瑞对待疑难案件处理既考虑了诉讼当事人的身份地位差别，又考虑了经济权利的状况。“产业”大约是指动产和不动产，也就是说，遇到产业纠纷案件，一般是偏袒小民；“言貌”大约是指因言辞礼貌引发的争议，涉及人的社会地位、身份和名誉，而这一类的纠纷处理则是偏向乡宦。海瑞在这里既照顾了以儒家伦理作为参照进行执法，也照顾了今人法律的公正、公平、正义之原则。

海瑞通过在淳安的审理案件情况，还积极向上级官府建议，县衙不能只是一味“日日听讼”办案，更重要的是化导民众，从而达到息讼的目的。由于当时健讼之风气蔓延，尽管县衙“日日听讼”，但结果不仅不能“止讼”，反而导致诉讼案件不断增加。他认为各级衙门专心于听讼的做法已经“失其本也”。因为历史上的圣贤们在审断民间“鼠牙雀角”的纠纷时，更多采取了在听讼的基础上“专以德礼劝谕”，即以道德感化百姓的良心，而不是惩罚了事。他在《兴革条例》中明确要求上级官府不要动不动就责备县衙办案速度太慢，那样只会导致县衙为了应付上级要求，在办案时草率行事，而不顾及其他，从而使得诉讼双方当事人都不满意，

“感化之意微，了事之情切，狱讼日繁而不可止，不有由哉。”就是说，缺少了感化的过程，而结案心情迫切，只会导致诉讼进一步升级，官司也会愈益增多。所以，海瑞不主张衙门仅仅停留在公堂上听讼断案为时尚，要借鉴学习历史上圣贤止讼的方法，以感化来改变当时社会的健讼风气。

海瑞认为，对已进入司法程序中的诉讼案件，官府尤其是县衙要在调查取证的基础上认真办理。他对当时官场流行的一些“止讼”方法持有异议，如有些官员本着“和为贵”的理念，在审理案件时，不能秉公办事，对诉讼双方当事人一般判决结果是：给原告六分理，给被告四分理，使得当事双方“曲直不甚相远”，目的是想避免一方被激愤而再次诉讼，以达到息讼的目的。但海瑞认为，这种以四六定罪的做法表面上是为了达成双方当事人的和解，充当了和事佬，不过，这种和解只能息讼一时，并不能从根本上解决问题，实际上却正中了健讼刁钻之人的下怀，为后面不断的争讼埋下了隐患，“理曲健讼之人得一半直，缠得被诬人得一半罪，彼心快于是矣”。官府是非不分的四六定罪，让一些以兴讼获利者们钻了空子，他们揣摩到官府的这一判决意向，于是不断“健讼”求利。海瑞批评说：“四六之说，乡愿之道”，海瑞平生最讨厌的就是乡愿之道。所谓乡愿之道就是明知是好事而不敢做，明知是坏事而不敢反对，遇事站在中间，逃避斗争，甚至脚踏两只船，一味讲调停，和稀泥。海瑞主张对所有案件，无论事大事小都必须以是非曲直为准绳依法处理,“君子之于天下曲曲直直,自有正理”,要求审案者明辨是非,主持公道。他认为,真正有效的“息讼”就是在全力听讼的基础上依照案情是非曲直严格执法,“和稀泥”注定要引发好事者的不当利益追求——健讼,“虽止讼于一时,实动争讼于后”,结果恰恰与一味主张息讼的官府愿望背道而驰。

以务实著称的海瑞,除了听讼断案外,更注重推行道德教育。他从正面肯定了淳安士人在抵制诉讼中的良好作用,“淳士子少讼,讼亦易折服,士风亦可取矣”。有些生员尽管偶尔不得已而与人发生官司,但他们在公堂上,往往是“一言而服”,有些生员甚至还没有进入诉讼程序,就已意识到自己的错误,主动撤案或与对手和好,这样的生员在淳安是“十人中七八人如是”,即占了绝大部分。海瑞对此“喜之,服之”。当然,淳安的士人也并不都是这样通情达理,有一些出身于富裕家庭的生员,在诉讼上就和普通百姓没有什么区别,往往是不能胜诉就绝不罢休,他们因“家有许多产业,若一件被人争去”,就觉得损失惨重,想通过不断的诉讼来夺回自己的产业。海瑞认为这些士人的“真心”已经被利心所遮蔽。

淳安民间流传的“海瑞断字”或许能反映极少数士人利欲熏心的丑态,贺城劣绅冯仁仗着自己有文化,专门设套诈人钱财,他聘请秀才方正作为孩子的启蒙老师,双方书面约定,冯家年底付给方正工钱二十两银子,但有一个附加条件,即冯仁要出字考方正,若不认识,不但不给佣金,方正还得倒贴二十两银子给冯家,目的是担心方正滥竽充数。到了年终，冯仁与方正结算酬金，冯仁有意编造了一个字典上都查不到的字，方正自然无法认识，只好倒贴二十两银子走人。为了解决这一谜团，方正在县城张榜求贤帮助自己认字，这件事传到了县衙，海瑞找来方正了解情况，遂断定这个字只有冯仁才认识，于是派人把冯仁请进县衙。海瑞经过简单的询问，就识破了冯的伎俩，以“乱造文字，诈骗钱财”为罪名，对冯仁实行了体罚，并责令他如数付给方正酬金，并退还诈取的钱财。

有关海瑞断案的具体故事，在《海瑞集》中共收录了7件疑难棘手的案件，发生地也不全在淳安，但由于时任淳安知县的海瑞能公正审案，因而还多次奉上级指示作为主审法官参与对建德、遂安、桐庐等县疑难案件的审理，海瑞公正判案的名声在社会上被广泛传颂，赢得了“南包公”的称号。包公为北宋时人，名包拯，为人刚直，不畏权贵，执法严明，为官清正，一生俭朴。包拯办案谨慎，不徇私枉法，百姓把包公视为救世主，俗语有“关节不到，有阎罗包老”，意思是如果找不到打通关节的路，还有包公替我们做主。在小说、戏曲中，包公是法律与正义的典型形象，百姓呼为“包青天”。海瑞断案与包公颇为相似，我们一起来欣赏几则海瑞公正、谨慎断案的实例。

第一起是因争山而由兄弟共同参与策划的案件。淳安县民胡胜荣和哥哥胡胜祖、胡胜佑、弟弟胡胜恭等兄弟四人，与村里一个叫邵时重的人因争夺山地发生纠纷。就在双方纠纷白热化的时候，大哥胡胜祖因病突然死亡。胡家三兄弟就借故到县衙上诉，捏造胡胜祖的死亡是因为在争山过程中，被邵时重殴打受伤而死。

人命关天，海瑞在县衙接到胡家报案后，立即派汤县丞即副县令率领仵作，相当于现在的法医，前往现场检验尸体，仵作经过认真的检验，并没有发现胡胜祖身上有致命的被打伤痕。但胡家并不肯就此罢休，胡胜荣与哥哥胡胜佑以及自己的一个名叫邵镛的外甥，也和邵时重有争产业的宿怨，为了报仇，三个男人共同策划了一场骗局，他们从市场上购买了一种红色的药水，又偷偷将存放胡胜祖的尸棺打开，用买来的红色药水涂在胡胜祖尸体的头部等致命处，然后用火炙烤，伪装成被打伤的伤痕。

胡家伪造好现场后，一行人又到淳安县衙告状，声称胡胜祖是被邵时重打死的，前次仵作检验不准确。这一次海瑞亲自带着一班人马到现场就案情进行调查，并重新开棺验尸。按照明代对尸体检验的一般理论，凡是人被打伤致死后，伤口处的血迹会凝聚成血块，而且还大多隐隐可见于骨头中，严重受伤的血迹多呈紫红且兼带黑色，轻的则呈红色淡红色。因此，凝聚在骨头中的红色血迹，与红色药水的颜色明显不同。检验的方法是用酒醋蒸罨伤口处，洗去伤口处污浊的东西，这样就使得伤口处的血色真伪可以被辨别出来。

海瑞带人将胡胜祖的尸棺打开，看见尸体头部伤口处鲜红连片，围观的群众甚至都怀疑这是用红色药水涂抹的结果。海瑞就此审问胡胜荣,胡胜荣狡猾地回答,这是上次汤县丞及其仵作检验后,用红色封条封闭尸体所留下的痕迹。海瑞仔细检查封条,发现封条也是半破,即封条曾被人动过,断定即使是封条红色印记,也绝对不会有这么多。他再次勘察现场,并根据相关知识得出结论:三个犯罪人在往尸体上涂抹药水时,“所点之朱,和以胶脂,复经火炽,是以虽洗刷数次,盆水已红,其骨不免红色。后用磁瓦刮之,头颅硬处红去无迹,至于缝痕松糙,骨红迹则存”。结果造成朱脂色与打伤色,“一隐一显,一凝死一流活,悬绝可辨”。也就是说,胡家兄弟为了置邵时重于死地,他们在不了解人死后身体变化的情况下,给尸体涂抹了过量的红药水,以致明眼人一看就是伪造的血迹。

海瑞在检验尸体时,还发现一个细节,就是胡家兄弟在给兄长尸体抹红时,曾经挪动过身体,原本被打伤的胸膛骨头的红色应当在外面,“今红色多在内”。海瑞判断这是胡家在抹红时,只想着害人,而忘记了当时下手时“此骨孰向内孰向外也”。海瑞暗访邻居百姓,被问及的目击者都说,上次官府来检验尸体时,他们没有看见死者尸体有“伤色”。海瑞最后对胡胜佑进行严加审讯,胡家只好交代了所有犯罪实情。最终昭雪了邵时重打死人命的冤枉,也明确了胡胜荣诸人诬告陷害的罪行。

第二起是兄弟因承包鱼塘而引发的命案。淳安县邵守愚与邵守正兄弟二人共同承租祖上遗下的一口鱼塘,兄弟俩轮流养鱼。

嘉靖三十六年(1557),轮到兄长邵守愚养鱼,但鱼塘中的鱼却屡次被盗,他只好加强防盗检查。八月二十三日深夜,其弟邵守正与乡民程周一起去哥哥的鱼塘偷鱼,被早有防备的邵守愚用枪戳死。此案的审理重点是围绕邵守愚究竟是蓄意谋杀,还是过失误杀。这一案件在海瑞到任之前,曾经过邻近几个县的知县审过,但结论却有严重分歧。淳安县洪知县认为,不是误杀,应为仇怨杀人;遂安县知县也附和这一说法;后寿昌县知县判定邵守愚依"同居卑幼引人盗物,若有杀伤者,依杀缌麻弟律,绞"。判决上报以后,巡按御史王某认为此判决不符合律例,驳回淳安县重审,此时海瑞刚上任知县。

海瑞通过尸检,认为邵守正耳朵中有塘泥,应为与程周一起盗鱼时留下。前面各位知县判决认定邵守愚纠结其他五人合谋杀死邵守正,实在不合情理。邵守愚一人足可取邵守正性命,六人之众实无必要,且人多嘴杂,事情很容易败露。因此,合谋杀人说不通。另外,说邵守愚戳第一枪后,本应听出是兄弟惨叫,如属误伤,理应停手,为何还要连戳六枪致邵守正毙命。海瑞认为,如果要邵守愚黑暗之中仅凭邵守正一声惨叫,就判定对方为谁,实属强人所难,况且"杀贼不死,贼必反伤",所以连戳六枪也属情理之事。因此,此案只能算是误杀,更与服制问题无涉。

第三起是争抢运粮案件。海瑞在淳安任内,有一年全县闹旱灾,粮食减产,村民们在向富户借粮度日时发生了一场纠纷。县民方淙与方天禹等人同向富户何孟荣借稻谷，方淙借了 36 石，但仍储存在何家，方天禹借了 210 石，却是立即搬运回家。方淙听说方天禹搬粮回家，也慌忙组织人去搬运，结果双方在何家搬运稻谷的运输过程中发生口角，并发生肢体冲突，致使方淙的粮食撒了一地。方淙到县衙告状，被判决败诉，他又向严州府及省城告状，严州府认为方天禹有抢夺嫌疑，判交罚金了事。

海瑞参与审理此案，对案情有所了解，他对府里的判决并不认同。他认为方天禹与方淙同一天取粮，天禹在第二次搬粮时遇到方淙，方淙怕方天禹借走太多，赶来搬运，似有夺借之嫌，按理方淙理亏。至于方淙所说抢夺时所用的铜锣器械，后证实也是为了防止运粮中防盗所备，并从一开始借粮就已准备，而不是为了对付方淙。而府官并没有细查审核，仅听方淙一面之词，造成判决失实。从当事人的角度出发，海瑞并没有单纯地苛责某一个人，相反认为三人举动皆情有可原。方淙有借契，因抢夺粮食受损，一气之下，捏造事实，控诉官府。而方天禹也有借契，正好赶上两家同时借粮，有所争夺也无可厚非。至于何孟荣，虽有契据为证，但仓库粮食存放日久，有所损耗在所难免，在数量上不能兑现方天禹的要求也不无道理。总之，不能太过重罪于某人，三人皆有责任，三人也皆有理由。

海瑞不仅对诉讼案情侦破能细致入微，而且对验尸这一专门技术性工作也颇为熟悉。不仅如此，他从不迷信前人已有的成案，凡事总是身体力行，认真负责，尤其是对人命关天的案件，他接手后总是深入案发现场，走访知情者，查访案情的第一手资料，他爱惜百姓生命，对暂时调查不清楚的案情，则实行“以罪疑，惟轻之义推之”的原则来处理，有点类似于今天法律上所说的“疑罪从轻”、“疑罪从无”的原则，表明海瑞不冤枉无辜。

海瑞对遂安县百姓吴万杀人案的裁断就运用了疑罪从轻的原则。吴万案原本并不复杂，地点发生在遂安县，一方为吴万及其干儿子法才，另一方是其寡嫂吴阿伊及其干女儿青香。吴阿伊有一菜园，与吴万的住房相距有十五丈远。某月初五日，青香挑粪去菜园施肥，因通往菜园路上的石板被人弄走，行走不甚方便，青香就叫骂不停。吴万听到叫骂声很生气，就叫干儿子法才把青香拖到家里，手脚并用暴打了一顿，初七日邻居方仁等将青香扶送回家，初九日青香死亡。案件经过当时的分水县、寿昌县、建德县等审讯，因“各犯执词互异”，始终不能结案，后来吴万被屈打成招违心承认投毒杀死青香。而到严州府复审时，吴万又翻供了。那么青香到底是怎么死的，成为案情的关键。上级官府最后指定淳安县海瑞“从公检究”，以还事实真相。

海瑞经过走访调查后认为，青香之死与吴万的毒打肯定有关系，但是青香服毒到底是谁所为，则难下结论。因为吴万声称是吴阿伊为了图赖而毒死青香。海瑞认为这好像不可能，因为周围邻居都证实吴阿伊的家务和田间劳作，都由青香操办，吴阿伊不会自剪手足。但吴万也没有下毒的动机,因为青香被毒打后,还在吴万家待了一天多,若下了毒药则早死无疑,况且青香回家后从未跟吴阿伊说过毒药的事。那么青香的毒是如何服食的呢?海瑞认为,由于淳安有图赖的风俗,一般家庭“多蓄砒礵、断肠草、毒菜虫,一遇忿争,取诸左右,故服毒致死,比比有之”。因此,也不能排除青香自行服毒的可能。既然原被告投毒杀人都存有可疑之处,所以应根据“疑罪从轻”原则进行处理,不能武断判定是吴万投毒杀死青香。

海瑞在淳安重视刑狱,办案注重调查研究,平反了许多冤假错案,在严州府的老百姓眼里素有“海青天”之名。严州府管辖的桐庐、建德、遂安等各县遇有疑难案件,也移到淳安县处理,建德县民吴吉祥与义父吴湘、堂叔吴镧住在一起,不过是分家居住,吴吉祥在吴湘家做佣工。一天,吴镧上山偷砍吉祥家的木柴,被吴吉祥发现,两人互相扯打,吴吉祥一时愤怒,随手抽了一根木棍乱打,致吴镧死亡。案件经过严州府和分巡道的指示,由当时建德的王知县审讯,判吴吉祥殴小功亲死者斩首罪。但吴镧的儿子吴澐却坚决声称是吴湘指使吉祥打死他父亲,于是官府以吴湘犯“主使人殴打”罪,判吴湘绞罪,后又改判吴湘斩罪。吴湘对判决不服,上诉到京城,都察院转批由寿昌县再次审讯,也审实是吴吉祥打死。总之,这个案子在建德县、严州府以及巡按之间多次审判,导致“狱情反复不一”。

明明同一个案件,在不同地方的审讯结果却不一样,原被告都表示极大的不满,上级官府最后决定由“淳安县会同遂安县再加详究”。海瑞调来案卷仔细研读,再次对原被告双方进行审讯,确定吴镧被吴吉祥打死是事实。吴吉祥之所以翻供,是因为时任里长的吴拱翠与吴湘有仇,而吴吉祥又和吴拱翠是好朋友,吴拱翠买通吉祥,一口咬定是吴湘指使他打死吴镧。当时官府下来调查时,大多由吴拱翠出面接待,查找的证人也多由吴拱翠提供,这些人的证词都附和吴拱翠。海瑞从吴拱翠和吴湘之间的矛盾入手,进行大量的调查研究,分析案情的来龙去脉,判断吴镧为吴吉祥打死无疑,与吴湘无关。吴拱翠身为里长也乘机想报吴湘对己不恭之罪,所以笼络乡民作伪证。这说明海瑞在办理人命关天的案件时,绝不疏忽敷衍,完全从点滴的细微处入手,查找案情真相。

海瑞办案十分认真,对人命关天的案件绝不会疏忽马虎。桐庐县曾发生这样一桩人命案,县民徐继将妹妹徐氏嫁与戴五孙为妻,徐母汤氏借给戴五孙三两银子“营利”,目的是想让家里过得更宽裕些。后来因为家里急用,徐继就向妹夫讨要母亲借给他的银子,遭到妹夫的拒绝,后来屡次讨要都没有结果。有一天,戴五孙在外面碰巧遇到了徐继,遂出银子买酒请徐继一起喝酒。酒席之间,两人又谈到借银之事,话不投机又争吵起来,并大打出手。徐继用石乱打,致戴五孙重伤,又将其推落水塘造成戴死亡,为了毁尸灭迹,他又用大石头将戴尸体压沉水底。

可案情在审理过程中却复杂起来。原来在戴五孙出事当天，吏员潘天麒因管造黄册的需要下乡调研，正好住在戴五孙家里。桐庐县在一审时，没有深究案情，凭空主观想象虚构出徐氏与潘天麒有奸情，共同谋杀亲夫，判决徐氏谋杀亲夫凌迟处死，潘天麒奸夫斩，徐继犯谋杀罪，绞。明代司法审判制度对死刑非常重视。凡是县衙判处死刑案件，都要层层复核。直到上报刑部审核，再交大理寺复核，必要时还要有大理寺、刑部、都察院会审，最后呈交皇帝过目定夺。徐继案判决后，复核程序随之启动，先是交至杭州府复审，认为潘天麒奸情缺乏证据，改判为斗殴杀人，处以绞刑。最后申报到了大理寺被驳回重审。这一次由桐庐县、建德县、遂安县三县会审，结果仍判徐氏凌迟，潘天麒斩罪，徐继绞罪。嘉靖四十年(1561)二月，巡按御史崔某到严州府会审，徐氏在堂哭诉已生育二子一女，根本就不会谋杀亲夫，言辞恳切。崔巡按点名将此案发往淳安县由海瑞进行复审。

海瑞在审理此案时，并没有受前面审理结果的影响，而是从案情的实际出发。他认为前面官员审理时对案情有所歪曲，不符合常理。如果徐氏与潘天麒通奸，这在当时是罪大恶极，是万万不能对人言的事。可按前面的审理结果来看，徐氏向自己的哥哥说过，潘天麒对自己的仆人讲过，即使要谋害亲夫也应该是越少人知道越好，他们反而逆其道而行之。难道他们有那么多的钱封住人的嘴巴吗？可是戴家属于贫困家庭，潘家也不富裕，所以以钱封口说不过去。再说,徐氏与戴五孙已有二子一女,丈夫可以不要,子女也可以抛弃吗?“于人情似当念其子女因念及其夫”,潘天麒有妻室,徐氏为何舍弃正房不做而屈为偏房妾呢?于情于理无法说通。此案只有一种可能,那就是徐继因为讨要银两怀恨在心,借着酒兴打死了戴五孙,只有他才是唯一的真凶。其他人都是屈打成招,与案情没有丝毫的关系。海瑞从不同的角度推翻原审判决,给此案以公正的裁决。

海瑞判案的高明之处,从至今尚在淳安当地流传的许多小故事中,仍可以明显看出。我们只是从其中采撷一些最精彩的片段,以飨读者,通过这些乡土社会的草根记忆,可以管窥海瑞当年在淳安知县任内断案的高明与神奇,以致淳安百姓都亲切地称他为“海青天”。

某年腊月十五日深夜,淳安茶园镇杨姓人家被一伙蒙面人抢劫,男主人因反抗而被杀。海瑞接到报案后,立即带领衙役前往现场勘查,发现杨家除了笨重的家具外,几乎被洗劫一空。海瑞询问杨家人,平时有无冤家对头。杨家夫人回答不上来,只是说丈夫为人耿直,可能得罪了一些人而已。海瑞觉得这又是一桩无头案,他派人四处查访,半个月居然没有一点线索。海瑞只得另谋计策破案。据说,海瑞命一名衙役拿出一张小纸片,以罪犯投案的口气歪歪斜斜地写着要海大人答应给自首者赦罪的字样,否则就不投案自首。小纸片贴在县城闹市区,引起百姓观望。海瑞乘机以知县名义张贴告示,同意对自首者赦罪。果然,当天夜里就有二人前来自首,他们讲述了首犯黄从龙胁迫大家抢劫杨家的经过。海瑞据此将案犯全部抓获,审讯属实后,分别治罪。

一次,海瑞带着随从外出考察调研,在回县衙的路上,看到路边小溪旁一少妇跪在新坟前哭泣。他仔细地端详了一会儿,觉得其中另有隐情,连忙派衙役把少妇叫来。经过反复盘问,少妇在回话时终于露出了破绽,原来此少妇与人通奸毒害了亲夫。海瑞是怎么看出的呢?海瑞回答判断出的理由,一是这个少妇光打雷不下雨,只是哀号,没有眼泪,不是真正的悲哀;二是她为夫守夜,穿戴打扮却很整齐,如果真是悲伤,哪里还有心思打扮;三是地势高干燥的地方才是埋葬亲人的好地方,而这里靠近溪水,岂不是想让丈夫的尸首早些腐烂。可以说,海瑞从犯罪心理学的角度看出了少妇有犯罪动机,从而将其拿获。

"巧判杏元"也显示了海瑞判案的奇妙,话说小女子陈杏元长得端庄秀丽,庄稼活也做得非常出色,附近有三家人都争着娶她为媳妇,都说她早已许配给自己家,为此发生矛盾,闹到县衙。海瑞想了一下,定了一计,他先提审陈杏元,怒斥她私许终身,拖到后堂用刑。在一阵惨叫声后,海瑞出来说杏元已被打死,让这三个人去收尸。这时,三人中两人连忙摇头,都说人死了还要她干啥,赶忙跑了,只剩下一个人叫金有权,说死了我也愿意要。听了这句话,陈杏元从后堂出来了,这可让金有权喜出望外。原来,海瑞假装说陈杏元已死，既可以解决纠纷，又可以测试谁是真心，一举两得。

“判鹅”也是令人叫绝的处理案件方式。淳安县内一酒店老板娘和一农夫为争夺两只鹅的归属权，诉讼于公堂求海瑞给予公道。农夫称其昨日拎鹅来城里卖，路过酒店时被熟人叫去喝酒，因喝完酒时已日落西山，着急往家赶路，竟把两只鹅忘在酒店没有拿回。第二天回到酒店向老板娘索要，老板娘不承认，坚称鹅是她自己饲养的，而且是三只鹅。面对这种看似简单，实则困难的民事纠纷，海瑞叫衙役把三只鹅带上公堂，打算让鹅“认亲”，可鹅总是一起来一起去，不能分开。海瑞决定亲自去酒店考察一番，看看老板娘的鹅舍到底如何？他来到酒店，发现老板娘的鹅舍在酒店后院，四周筑有高墙。石灰地面上撒着几堆鹅粪，这给他极大启发。他连忙回衙门，命令衙役棒打三只鹅，鹅在挥舞的棍棒下惊慌奔逃，“大便失禁”。海瑞根据鹅粪便的颜色，断定其中两只为农夫之鹅，老板娘和旁观者都在诧异之时，海瑞向众人解释了其中的道理。原来三只鹅的粪便中，有两份为绿色，一份为白色。拉白色粪便的鹅是老板娘家的，因为它常年被关在深墙高院中，吃不到绿色植物，自然不能有绿色粪便排出来。而农夫的鹅在乡下饲养，吃的都是草，粪便自然是绿色。由此可判断出鹅的主人了。

“计审诬案”说的是梓桐源有户人家，父子在外经商，留下婆媳二人守家。婆婆人到中年，风韵犹存，经常和村里无赖勾搭。媳妇看不惯就暗中阻止无赖进门，引起婆婆不满。婆婆与偷情的无赖密谋,反过来诬告媳妇与人偷情。在公堂之上,无赖一口咬定与媳妇通奸,案情陷入僵局。海瑞决定用计审讯,他让衙役准备好石块、刀锥等家伙放在公堂,再次审案时,海瑞让婆媳两人随便捡拾石块、刀锥等家伙去殴打那个无赖,并声明打死无妨。结果媳妇捡起一块大石头砸了过去,而婆婆只捡起一块小石头扔向无赖,接着媳妇又拿起刀锥准备砍死无赖。海瑞立即叫停,并命衙役捆绑了婆婆。婆婆只好一五一十地交代了通奸情况。

淳安县卸任乡官饶于财闲居在家,一日夜晚酷热难耐,遂去家中闲置的老屋避暑。因为老屋长期无人居住甚为阴凉,饶于财晚上醒来口渴便叫仆人送茶,仆人来时看他闭眼安歇,不便打扰,将茶水放到墙洞中让饶自己取用。第二天早上,家人却发现饶于财死于老屋。后经侦查,发现茶水中有毒。那么到底是谁下的毒成为侦破此案的关键。就在案件一筹莫展之际,饶于财儿子饶清去县衙告状,说是继母姚氏与人通奸,嫌其父碍事,将其毒毙。衙门马上将姚氏拘押,由于证据不足,无法结案,此案变成积案,久久无法解决。海瑞先提审姚氏,从口供中得知,她与饶于财恩爱有加,相敬如宾。后又传问饶清知否其继母的奸夫是谁,饶清一问三不知,只是凭猜测认定是继母毒死了父亲。人证既然无法相信,只好求助于物证。海瑞和几名衙役亲自到饶家老屋勘查,只见老屋破旧不堪,遍布虫洞,室内霉味让人很不舒服。为了查清案情,海瑞决定和衙役当晚同住老屋,将泡茶放置墙洞中,吩咐别人不要打扰。早上醒来,大家纷纷检查有无异样,衙役从茶杯中发现两只蜈蚣,推算是蜈蚣喝水掉入茶杯。海瑞豁然开朗,基本锁定了真凶,他让衙役对屋子彻底搜查,发现其中暗藏大小蜈蚣无数。他断定饶公实中蜈蚣之毒而亡,饶清状告继母藏匿奸夫毒杀其父乃是猜疑。

“审石头”是说海瑞上任淳安县令不久,因惩治贪官污吏而遭到他们的忌恨。他们总是想找海瑞的岔子,给他制造点麻烦。一日,县城卖油馃小贩因生意忙,就给 10 岁儿子 170 文钱让他帮忙去油坊买油,路上,孩子将钱和油桶放在一块石头上去小便,一转身就丢失了钱。一个被海瑞革职在县城游荡的小吏见此,就鼓动孩子去县衙报案,希望海瑞能帮助找回丢失的钱。海瑞接案后,也一时无从下手。他只好替孩子拎着油桶送他回家,并掏出口袋里的一百多文钱帮补小贩。海瑞回到县衙,一直在思考如何了结这个无头案。海夫人端出一盆水给他洗脸。海瑞将手放入水盆,水面上顿时浮起了油花,这是刚才替孩子拎油桶时留下的。海瑞立即计上心来,马上吩咐衙役将那块石头抬进县衙,并到处张贴告示说明日午时在县衙审石头。第二天上午,不少县民闻讯而来,不久挤满了县衙。海瑞让衙役关上门,向大家讲述了孩子在石头上丢钱的事,希望现场民众每人出一文钱帮助孩子及其家人渡过难关,愿意的人在出门时将一文钱放进门口水盆里,大家觉得稀奇,也都同意了。就在人们依次走出大门并将钱扔进水盆时,一个小伙子扔进的钱立即浮起油花，衙役根据事先的布置，将其抓了起来，并马上升堂。小伙子只好老老实实地招供。海瑞命他如数退还所偷的钱，并把众人的钱一一还给大家。海瑞审石头的故事迅速在淳安传扬开了。

海瑞判案并不以惩戒为目的，更多的时候关注的是教化。他认为，运用法律制裁只是手段，恢复礼教之邦，构造和谐社会才是百姓的真正福音。正是出于这一目的，海瑞很重视制定法规，他在淳安就制定了一批约束各级衙门的考评性的工作条例，这一举措在当时也是一项创新性的工作。这些工作条例共有 11 篇之多，涉及对知县、县丞、主簿、典史、教官、阴阳官、医官、老人、里长、生员、吏书等官吏或士人，对他们的工作任务及其职责都作了明确的规章，对在工作中可能出现的问题也一一举出，目的就是让他们在实际工作中能有依据和参考。他在淳安任内不仅制定了一批操作性较强的规程，而且在司法审判时也做到了公正公平，同时还大力兴办礼教事业，为淳安构建和谐社会作出了努力。

海瑞在淳安始终以减轻百姓负担为己任，为民伸冤，平反了不少冤假错案。对于普通百姓来说，除了缴纳赋税、承担徭役需要和官府打交道外，再有恐怕就是到县衙打官司了，因此，县令的办案能力也成为其能否赢得百姓口碑的主要甚至是唯一的标准。海瑞正是在淳安任内以其胆识、智慧、娴熟的技巧特别是铁面无私公正断案的原则获得了“海青天”、“南包公”的美誉。明万历以后，在官民之间就流传专门描写海瑞判案的小说《海刚峰先生居官公案》，这些案件大都是虚构的故事，地点也以淳安为主，但反映海瑞断案公正、神明却是真实的。清代又出现章回小说《海公大红袍全传》和《海公小红袍全传》等，也以海瑞为原型敷演成公案小说。其情节曲折，跌宕起伏，悬案迭起，引人入胜，生动地塑造了一个刚正清廉、不畏权贵、断案如神、体恤百姓的清官形象。

四、关怀弱势以维稳

海瑞自幼饱读圣贤之书，立志为生民立命。但他并不是一个书呆子，相反，他对时事、对自己所能接触到的百姓冷暖，却时时刻刻挂记在心中。最能体现海瑞这一情怀的，就是他始终关心海南岛的黎族百姓问题。

明代官府对海南岛的黎族问题，一直没有一个明晰的治理政策。黎族在海南岛人口中占有相当大的比重，尽管官府十分重视治黎问题，但黎族百姓的生计问题并没有得到很好的解决，“黎乱”在有明一代不时发生。海瑞曾说：“国初至今，言官琼者，必以治黎人为一急事。”所谓“急事”，当然是指从明初到嘉靖时期，黎族一直是海南社会不稳定的主要因素。明成化年间，朝廷在海南设立分巡道，显示朝廷对海南社会经济发展的重视。然而，这些分巡道官员到达海南后，并不是想着怎样去造福百姓，只是把海南当作升迁的跳板。海瑞在《赠史方斋升浙藩大参序》中说，这些官员到海南后只是希望任满后，能达到升迁他处的目的，海南的吏治没有任何好转，“官则利”、“民无利”，百姓的怨恨有增无减。更有一些官员在海南敲诈勒索，引起百姓的极大愤恨，当时海南民间社会流传着“军门罪我劫掠，军门劫掠犹我”的说法，所谓军门就是地方督抚兼巡抚且又掌管兵权的领导。正是在这样的背景下，有明一代，海南黎乱不断，规模或大或小，尤以嘉靖、万历时期最为活跃，黎乱几乎遍及整个琼州府。明王朝几度派大军征剿黎乱，不仅耗费了王朝的巨额资财，而且也给海南不同族群的社会经济生活带来了灾难。

明朝官府派军赴海南镇压黎乱的行动，使海瑞耳闻目睹了官军镇压黎族的血腥一面，也看到了黎族人们不屈不挠的抗争精神。这些场景已经深深地印在他的脑海中，一旦有机会，他就会表达自己关注黎族的想法，他在参加科举考试时，每次的时论性考试科目都以黎族治理为主题作文。

嘉靖二十八年(1549)七月，海瑞在广州参加乡试，在最后一场时务策考试中，海瑞将自己对解决黎族问题的办法，以《治黎策》为题加以阐述。他在《治黎策》中提出了“人法兼资，而天下之治成”的策略，所谓“法”即指有所规划，制定出可行的规章制度；“人”则是这些规划和制度的制定者和执行者。只有人而没有法作依据，则事情一定不会办好；有了法而没有合适的人，则法也一定无法执行。因此，只有人治和法治相互依存、相互支持，天下才能被治理好。海瑞所讲的“人”应该是道德高尚的人，符合儒家“为政以德”的思想。实际上，海瑞这一思想的中心即治理国家必须法治和德治兼行。具体到海南而言，治理黎族要有长远的开发规划，不能只图眼前的苟安，而“不思万世无穷之利”。官府首先要制定长远规划，然后选用得力的官员去执行和落实，两者缺一不可，对黎族问题不能动辄就采取武力镇压，更重要的是采取文治。所谓文治就是在黎族居住区设置郡县，发展交通设施，解决黎族百姓生活的实际困难，使之安居乐业，对少数民族所征赋役、教育等，均要与内地一视同仁，“与吾治地百姓无异”。

嘉靖二十九年（1550）春季，海瑞在京城参加会试时，提交的时务策为《平黎疏》，将自己在《治黎策》中关于建设海防、治理黎区的思想，详细进行陈述，提出了官府治理海南应该有整体的战略考虑，对海南岛全面实行招民、置军、设里甲、建学校、屯田、巡检司、驿递等开发构想。他指出，穷兵黩武只会给海南民众带来灾难，王朝屡次大动干戈，不但没有征服黎族百姓，反而激起黎族百姓的更激烈反抗，使居住在海南岛的黎、汉人民都不得安宁。因此,他主张选拔好的官员是发展海南、稳定海南的关键,“天下之事,图之固贵于有其法,而尤在于得其人”。朝廷不仅要选派廉洁爱民的官员去海南任职,还要给其一定的灵活自主权,“乘机审势,听其便宜”。他主张在黎民聚居的地方设县,开筑十字大道,形成贯穿海南岛东西南北的交通网络,使黎族聚居山区能处处变通途,方便黎族百姓与汉族的交流,并将黎族民众按里甲编制起来,和汉人同等对待。海瑞在《平黎疏》中表示,自己愿意到黎族区从事招抚工作,并立下誓言说:“事如不效,请甘服上刑。”看得出,海瑞对黎族百姓是饱含着热爱之情,对发展黎族地区的社会经济是有信心的,更体现了海瑞忧国忧民的卓见。

但是朝廷及其上层决策者对海瑞的《平黎疏》,并未给予注意,更谈不上任命他担负治黎的事务了。但海瑞并没有气馁,事后,他根据自己对黎族地区的了解,又给兵部绘制了一份黎族百姓的聚居分布图,即《上兵部图说》,再次主张对黎族治理要从更长远的视角出发,将海南全面纳入王朝的管理体系,展现了他关心民众疾苦和治理地方事务的政治才华。

海瑞离开海南,赴南平任教谕期间,仍十分关注海南黎族问题,专门给家乡官员写了《申海南道陈双山文》,对治理黎族事务提出自己的看法。时陈双山以守巡道身份在海南工作,守巡道一职既是明代君主集权加强在地方行政体制中的体现,也是建设完善地方省级政权的重大措施。海瑞在即将离开家乡时,就曾打算登门拜访陈双山，想和他就有关如何安抚黎族百姓问题交流看法，却被“门者拒之”，就是被门卫拦住了。海瑞等了两天都没有受到陈双山的接见，只好北上赴南平，“候二日不得一接。恐凭过期，始渡海北上”。一路上，海瑞对黎族百姓的生计念念不忘，“中途每思及此，深用怃然”。到了南平上任教谕后，立即就写信给陈双山，“今已至任，未得言者，请为台下言之”。

海瑞在信中指出，从明初到嘉靖年间，海南黎族问题之所以不能得到有效的治理，原因主要有四点：一是到海南任职的官员，只是把海南当作一个履官的经历，等任职时间满了，就升迁他处，没有尽心去做海南的地方事务，更不想去碰黎族这个老大难问题，以免给自己的升迁带来麻烦；二是这些官员到海南以后，从没有亲自深入黎族地区进行实地调研，所有的信息都来自于他人所言，即“询访未的，妄信人言”，这样得到的信息几乎都是描述黎族地区的落后及黎族百姓的剽悍；三是这些官员都是科举获取功名的文官，“平素攻举子业，未尝留心经略”，他们对民事、兵戈等一窍不通，不会也不敢为黎族百姓谋幸福；四是一些官员有才华，也想“志立功业”，但又担心黎族问题处理好后，因“邀功”而发生不测，“目前成功，后当显祸”。海瑞指出，自明初至今，确实有不少官员提出了不少好的治黎建议，但这些建议大多是只说不做，“言之不行”，纸上谈兵而已。

海瑞自信地告诉陈双山，他生长于海南，对黎族问题十分熟悉,希望陈双山能够大胆按照他当年在科举考试中向官府乃至朝廷提出的黎族治理建议去做,一定会收到成效,“本职思之日久,考之日深,问之日多,事决可成,成无后患。台下请壮胆行之”。只要能将黎族问题处理好就可以留下千古功名,不要为一时的高官厚禄所诱惑,“夫一时之爵,孰与千万世功名?一世之荣,孰与千万年庙食?”海瑞对家乡黎族问题的关注,对天下苍生百姓的热爱,于此可见一斑。从这里也可以看到海瑞对工作的执着,对没有处理好的事情总是时时刻刻地惦记着,从未有过事不关己高高挂起的心态,显示了其性格的刚直。

海瑞在淳安做县令时,认为“县官亲民”是一个最基本的准则。如何亲民呢?他认为县官和高于县官的其他级别官员不同,因为县官和民众距离最近,好比是一家人中的家长,所以,必须时时刻刻地“留心民事”,要通过实地调查,了解到民众在想什么和需要什么,这样在实际工作中才能表现出“有为”的作用。当然,县官在日常的工作中是不可能时时都在基层乡村社会了解民情,这就需要充分发挥乡村老人的作用。所谓老人是明代乡里制度的一个重要组成部分,朱元璋时创立了老人制度,规定从乡村的里甲中选拔年龄超过50岁,且为人敬服的老人,负责村里的教化向善以及解决乡里的纠纷问题。用海瑞的话说,“老人之设,一乡之事,皆老人之事也”。老人生活在乡村民众之间,“于民最亲,于耳目最近,谁善谁恶,洞悉之矣”。老人因为年尊、德才与名望的关系成为明代乡村社会风尚向善的模范。

不过,明中叶以后,随着社会风气的变化,老人制度也受到了冲击,一些县官轻视老人,对老人“不加礼貌”。在兴国县也出现一些老人“不肯学做好人,不公不法,刻剥小民”,老人之设已经成为乡村之害。为了改变这种状况,海瑞在淳安知县任上就写过《老人参评》。到了兴国知县任上又写《谕老人》,强调老人在地方社会中角色的重要,因为老人对乡村“谁善谁恶,谁贫谁富,谁困苦,谁强暴”等了解最透彻,这些情况又是居住在县衙的官吏所无法直接考察清楚的。正因为如此,海瑞一方面强调老人要“公直存心,均平处事”,“身为老人,须慎自爱惜,不可妄取小民一分一厘一升一合”;另一方面要求官吏对老人“隆礼相待”,明确规定,老人要为县官提供乡村社会的真实情况,“使县官刑赏不差,政事恰当”。

海瑞在淳安任知县期间,遇到过百年未有的冬旱,地里的麦子、油菜都干死了。一开春,全县就闹起了春荒,老百姓饿死很多。乾隆时修纂《淳安县志》记载:“嘉靖三十九年(1560),春,大饥,斗米二钱二分,饿殍相枕藉。”

海瑞看在眼里,痛在心里。他责令各乡富户要“量为资给”,即开仓借粮给灾民。富户如果不主动救济灾民,则有官府派人上门查验其家储粮,在留足其家庭使用外,其余全部没收上缴官库,由官府发放给灾民“济贫”。但淳安是山区县,存粮有限,对大面积饥荒无济于事。海瑞为此茶饭不思,千方百计寻找解决饥荒的方法,请教乡中老人,了解到当地有许多可以充饥的野生植物,用淳安土话讲叫“开泥仓”。海瑞连夜起草一张《济饥物件》告示,将能吃的植物及其如何食用的方法告诉大家:

> 蕨根,洗净捣碎,用水澄粉,自九月至三月粉多,至四月初抽青粉少,兼食嫩茎,即蕨菜。
>
> 松花,用热水或饭汤调食,比米面诸谷反能久而不饥,和米麦面蒸食之亦可。然止三四月有。三四月,正饥时也。味胜蕨,但不可多得。
>
> 葛,捣碎用水洗出澄粉,其味胜蕨。
>
> 绿葱根,有臭气,须换水浸洗七十二次,不然毒人。
>
> 札扭根,晒干捣碎,成米成粉,煮吃。
>
> 野苎麻根,去皮捣碎成粉作饼。
>
> 布谷柴子,舂成米煮粥。
>
> 檡子,晒干去壳,磨成粉作腐。
>
> 苦株,即株木上子,取下炒吃,亦可作腐,味佳。
>
> 仙遗粮,即名冷饭块,或成粉成块,煮吃。
>
> 榔树根皮,剥下熏燥研末作饼。
>
> 老鸦馒头,锤碎和水,用绢袱滤汁作腐。
>
> 山苦荬菜。
>
> 苦益菜。

第二天，县城、村镇的大街小巷都贴满了这张告示。消息传遍了全县四面八方，老百姓上山挖蕨挖葛，采松花，挖野菜，并按照告示上的食用方法充饥，总算渡过了春荒。不过，海瑞的这张告示内容，却永远地留在了百姓的心里，以后每遇灾荒年景，老百姓就按照这一方法去解决饥荒，"开泥仓"的故事也就这样代代流传了下来。海瑞的《济饥物件》除了在《海瑞集》的《兴革条例 · 户属》部分收录外，清代纂修的淳安地方志几乎也都有收录，说明淳安人民在生死存亡的危急关头受到海瑞的救助，而一直铭记不忘。

嘉靖三十九年(1560)淳安发生旱灾而导致大饥荒，海瑞还专门发布《劝赈贷告示》，打击那些富豪之家乘灾荒之机，哄抬物价。他经过明察暗访得知，淳安县各都图"富积谷粟之家"，每次都在灾荒之际，乘机发灾荒财，"勒措贫民，质物典当，倍约利息"。说实话，对于贫民来说，如果利息高真能换来粮食的话，他们在走投无路之时，也不得不把家里值钱的物件拿出交换。而富户因担心贫穷人家将来根本没有什么可以偿还的物件，即使"倍约利息"，富户也不肯拿出粮食救济穷人。海瑞痛心地指责富户们心肠太狠，面对贫困之人面带菜色，妻啼子号，濒临在死亡线上，一点也没有恻隐之心。其实，不管富人还是穷人，大家都生活在同一片蓝天下，只不过机遇不同，有的富裕了，有的贫穷了而已，富人应该设身处地替穷苦人着想，不要一时糊涂而"以利心蔽真心"。他指示各乡里长、老人等积极宣传《劝赈贷告示》的内容和精神，劝导本乡富户在遇到灾荒时候,能主动将家里积存谷粟借贷给贫民,“不许取利,积厚德以遗尔子孙”。就是说,富户在危机时候做点好事为子孙积德。如果有富户能急他人之所急,不取利息,甚至免费无偿捐献粮食给贫穷者,县衙将会给予奖励,他亲自书写“尚义”匾额敲锣打鼓送上门悬挂,并将捐献者的事迹整理成文字记录在县志中,以流芳后世。他在《禁约》中规定,对那些屡教不改,仍无恻隐之心,继续在荒年借贷时加倍取利者,鼓励贫民检举揭发,一旦属实将治以重罪。他还从思想上孤立那些吝啬的富户,认为在灾荒年月积财而不散给贫民者为守财奴,呼吁全社会以散财“尚义”为光荣,以“守财奴”为可耻,一再重申“积财无用,德积庆及子孙,尔等念之”。

海瑞在兴国知县任上颁布的《兴国八议》,对地方驻军侵害百姓利益进行了纠正。明朝初年,为了减轻地方百姓的经济负担,朝廷实行军屯,即军队自给自食,“军民各有定分,诚足兵足食良法”。弘治以后,军队不断侵占与屯田相邻的民田,称之谓余田,然后再租佃给老百姓垦殖,并捏造佃户拖欠地租而坑害百姓,老百姓深以军屯为害,只好抛弃熟田而逃亡,造成田地没人开垦。海瑞要求革去军屯的名目,让逃亡的农民回来耕种,既可以增加国家财政,又可以稳定地方社会。针对兴国县人少地多的情况,海瑞鼓励从人口过密的江西吉安、南昌等府移民来兴国垦殖土地,实行资源互补,“一举而合省之民均有利焉”。

兴国在明代设立了许多隘所，目的是为了防盗，但一方面由于这些隘所并没有设立在真正的要冲之地，起不到防盗作用；另一方面又由于隘长人选不佳且每年都到乡下巡查勒索百姓，成为百姓一大负担。海瑞认为隘所作为防盗之用是必要的，但设立的地点和隘长人选都必须重新选择。兴国县地域不大，人口又多逃亡，然而官员不仅没有减少，反而不断增加，出现了典型的冗官现象。海瑞经过调查，“有一官则有一官之费，若一官不安其分，则又有一官需索之扰”，这些都会给百姓增加很大的经济负担。海瑞本着“宽一分民受赐一分”的思想，对全县官员的职能进行重新调整，裁革了不少人浮于事而又没有行使实际职能的官员。

《兴国八议》理顺了兴国一些“当兴当革”的事宜，对旧体制中的积弊大胆革除，给兴国人民创造了一个宽松的社会环境，使人民能安居乐业。海瑞有关兴国改革的八议，得到了江西省级领导支持，并付诸实施，并很快收到了实效。诚如海瑞自己所说，到任以来，“百凡节省，从前冗费无不裁革，民歌舞之矣”。但是海瑞也清醒地认识到，这些改革并没有能够彻底的“一洗而新”。所谓的“一洗而新”，用海瑞自己的解释就是能辨别义利、官民的界限，“使人知有界限而不过越焉尔。柴马俸粮之外，用里甲一毫，皆为侵民。催征勾摄之外，役里甲一毫，便是不能守己。”其实，海瑞强调的仍是官吏在实际工作中不要巧取豪夺，要严格执行官府已经制定的规矩。官员在执法过程中必须通过自己的“身教言教”，才能真正为老百姓树立好的榜样,这也是海瑞在淳安和兴国两县改革经验的总结。

海瑞任应天巡抚时,江南地区农村的土地矛盾比较突出,土地兼并相当严重,大量自耕农失去土地,农村社会出现两极分化。海瑞到了江南以后,通过察访了解到乡村权贵势力依仗特权而横行霸道。海瑞通过调查走访还了解了江南地区拖欠钱粮之频繁,责任不在老百姓,主要是由于势豪的抗拒。地方官府对势豪之家往往是束手无策,只好听之任之。海瑞对地方官员“甘自卑琐”的行为表示不满,他在《督抚条约》中公开声明:“本院法之所行,不知其为阁老尚书家也。”要求府县官对“凡有拖欠”以及“凌害小民”的势要之家,直接派人追治,并将情况汇报给巡抚,巡抚坚决为府县官做主,希望地方官不要“甘为贱辱”,隐忍情况不报。海瑞的做法赢得了人民的欢心,打击了势豪的威风。海瑞关心民众疾苦,打击豪强势要作威作福,几乎成为海瑞任职期间的重要活动之一。

江南地区作为天下重要的粮仓,这一带能否太平无事,对明朝的稳固有重要意义。而江南地主豪绅兼并土地,势必会导致社会的不安定,海瑞明白“欲天下太平”,就要让那些富民将强占的穷人田地退还给百姓。《明史·海瑞传》记载说:海瑞一生“素疾大户兼并,力摧豪强,抚穷弱。贫民田入于富室者,率夺还之”。海瑞在打击豪绅兼并土地过程中遇到的一个最大阻力就是来自于赋闲在家的权贵们。海瑞将这个官僚集团称之为乡官,意思是指凡是在外面做官，罢官后在家乡闲住的官员，这些人多有钱有势，也叫乡绅、绅官、绅衿、缙绅等。

海瑞在苏州和松江一带的调查中发现，这两个地方的乡官固然有很多人被老百姓称颂，但也有不少人通过剥削欺压老百姓而致富，以致有“为富不仁，为仁不富”的现象。前任首辅徐阶系松江华亭人，也是松江地区所有官僚集团的代表人物，在与高拱的斗争中败下阵来，回到家乡华亭县居住。而松江华亭县的乡官夺人田产最为严重，海瑞在处理乡村社会有关田地买卖的诉讼中发现，公然强占他人田地的“白夺”现象，在各个府州县都有，但比例很小，只有一二而已。然而“华亭乡官田宅之多，奴仆之众，小民詈怨而恨，两京十二省无有也”。所以也唯独华亭县民告乡官诉状最多。海瑞在松江调查时，竟然有几万人“告乡官夺产”。当然，乡官侵占民众田地的问题，绝不是一朝一夕就能解决的。有乡官之贤者告诉海瑞，二十年来，老百姓也一直在为土地被侵占进行上诉，但是府县官偏听乡官之言，不能公正裁决，于是“民产渐消，乡官渐富”，老百姓后来再告状，甚至得不到官府的受理，“日积月累”，因为海瑞来了，才会出现如此众多的百姓投诉。

海瑞决心从解决乡官“夺产”的问题入手，来解决江南地区土地纠纷的严重矛盾。他首先从土地兼并最严重的松江地区开始，他下令所有人都要申报自己的田地情况，凡是侵夺民田的乡官，必须“自行清退田宅”。实际上乡官主动退田宅的数量并不多，正如后来海瑞在反驳戴凤翔诬陷自己这样做是助民为虎、以乡官为肉，导致“鱼肉乡官”时所说：“乡官二十余年为虎，小民二十余年为肉。今日乡官之肉，乃小民原有之肉，先夺之，今还之，原非乡官之肉。况先夺其十百，今偿其一，所偿无几。”于此也可以看出，当时江南地区的乡官在朝中有较强后台的支持，海瑞对当时激烈的土地占有矛盾进行微小的调整，就立即遭到权贵们的阻挠。但是这些乡官了解海瑞秉性，不敢无动于衷，“是时乡官自爱者率自退田”。

然而，海瑞并没有就此停步，他接着把矛头对着势力最大的“阁老尚书”徐阶及其家人。徐阶曾权倾一时，而且曾经救过海瑞的命，算是海瑞的恩人。但是徐阶的家人在松江一带欺压百姓，强占田地不计其数，“产业之多，令人骇异”。不仅如此，徐家还从事放高利贷生涯，捞取了大量的钱财，成为江浙地区的第一大豪绅富户，是平民百姓最痛恨的乡官之一。徐阶在松江的产业“有田二十四万亩，子弟家奴暴横乡里，一方病之，如坐水火”。海瑞对恩人也是一视同仁，绝对没有因私忘公，但也没有完全忘却恩情，他以私人情意多次给徐阶写信，“劝其退田不已”，要求徐家必须“退之过半”。

徐阶被迫接受了海瑞带有强迫性的要求，退出了一部分田产。海瑞对此并不满意，坚持要徐阶退出一大半田产，他写信给徐阶说：“近阅退田册，益知盛德出人意表，但所退数不多耳。幸一再清行之”，就是说让徐阶再清理一下自己家的田地，务必再退还一部分才能了事。徐阶非常恼怒，他不愿意再退田产了，于是他派家人孙五到京师找到时任内阁大臣的李春芳，请李出面写信给海瑞做工作，希望能到此结束。

海瑞很快就收到李春芳的信，他在回复李春芳的信中委婉地说，这样做其实是为了恩人徐阶好，“若不退之过半，民风刁险可得而止耶！为富不仁，有损无益，可为后车之戒。……退田过半，为此公百年后得安静计也”。意思是说，自己这样做，并不是要和恩人徐阶过不去，而是江南老百姓不能答应，徐阶家已积了很大的民愤。徐阶家如果能够按照自己的意图去做，还可以挽回“为富不仁”的骂名，也可以给恩人百年之后留下清名。海瑞这番情深意切的话实际上是拒绝了李春芳替徐阶的求情。海瑞这样做的目的无疑是敲山震虎，表明自己在保护穷人、弱者的利益、要求权贵退田问题上决不妥协的态度。明末思想家李贽在《太子少保海忠介公传》对此事评论说：“是时吴中贵人，无逾华亭相。按问其家，无少贷。而弟侍郎陟，武断残民，辄逮治如律，尽夺还其侵田。自是士大夫之名贪暴者，多窜迹远郡以避，小民姑忻忻有更生之望矣。”换句话说，海瑞要求权贵退田的举措，激起了失去土地的农民重新当家做主的感觉，他们纷纷向海瑞递交诉状，要求退回被权贵侵占的田地。

据海瑞说，在每月的初二、十六两天放告日中，差不多每天都要收到三四千封的诉状，经过审理而获准的约是二十分之一。当时规定，凡是持有土地交易的“断卖文契”，而且时间在五年以上的田地，一律不用退还，否则就要退还。可是，农村社会的交易借贷有时并不是特别重视契约文书，因此，一些无地农民就利用海瑞这一规定纷纷申请赎回土地，一些不良文人也纷纷加入，从中渔利，申诉者的材料真假难辨，事情越搞越复杂，江南因此而“刁风盛行”，这是海瑞意想不到的，一时间陷入尴尬的境地。海瑞在《督抚条约》中多次说“江南刁风盛行”，就是说老百姓喜欢告状。如何改变“刁风”呢？海瑞认为“非借法度辅德礼则又不可”，强调各官办案要严明谨慎，对真正犯法者决不手软，“法加于所当加”。明代告状需要交书面诉状，诉状的书写往往多由相当于今天律师的讼师完成。海瑞要求各地一方面要严惩讼师，另一方面各地“需设口告簿”，允许老百姓口头陈述案情。官府在民风的转变中有不可推卸的责任，“民性无常，惟上所化。”

而海瑞面对数量众多、头绪纷繁的诉讼案情，也不可能设立专门机构去调查案情、听取申辩，往往是凭个人的判断去裁决诉讼，估计难以做到完全合情合理。应该说，海瑞对权贵人物的惩处，牵涉面太广，也为自己的前途埋下了许多隐患。

海瑞在华亭县对徐阶家人退田的秉公处罚，给社会树立了一个铁面无私的公正形象。当年徐阶被免官回华亭路过南京时，海瑞亲自到城外迎接。两人在会谈中，徐阶希望海瑞要多关照其家人。海瑞却回答一定会秉公办事来报答当年徐阶的救命之恩。后来,华亭县百姓状告徐阶家人不法的状子不断增多,海瑞为了调查案情,亲自到华亭县调查,又与徐阶会晤叙旧。徐阶对家人所作所为早已心知肚明,他再次希望海瑞对其家人的处理能宽大通融。海瑞并没有满足恩人的这一不合理的要求,经过大量调查,实事求是地为老百姓主持了公道。江南的地方官员慑于海瑞是自己的顶头上司而不敢不执行命令,不过办案时仍非常小心翼翼,“所司惴惴奉行”,一些豪强权贵人家在不得已的情况下,只好跑到其他地方躲避海瑞的进一步追查。但是他们对海瑞的行为已经是由怨生恨,视海瑞为眼中钉,“共思逐公自便”,就是要联合起来把海瑞赶下台,“奸民多乘机告讦”,海瑞受到朝野官员残酷打击的时刻终于到来。

徐阶对海瑞来说是救命恩人。徐阶被罢官回家乡后,纵容自己的家人横行乡里,大量购置田产,徐家占地多达数十万亩,此外,徐家子弟以及家奴还为非作歹,欺压百姓。老百姓状告徐家的状纸堆积如山。海瑞和兵宪蔡国熙秉公办案,惩治了他的家人。按照当时法令,徐阶本人也应受到刑事处分。但海瑞并没有对恩人本人无礼,只是强迫他退田,并逮捕他的弟弟徐陟,这样做一是给救命恩人留点面子,二是减缓老百姓的不满情绪。

可是,徐阶并没有理会海瑞的用意,反而对海瑞十分恼怒,想方设法疏通给事中戴凤翔,又通过张居正唆使给事中陈三谟上奏,要求朝廷罢免海瑞和蔡国熙。徐阶及其家人的不法行为，引起了朝野的一致谴责，时人称徐阶为“家居之罢相，能逐朝廷之风宪”。徐阶这一做法也引起了其对立面官僚集团的忌恨，他们通过皇帝的名义，给徐阶及其家人罗列了种种罪名，欲置徐阶于死地，徐阶顿时失去了抵抗能力。海瑞罢官之后，徐阶及其家人也很快遭到朝廷清算，《明史·徐阶传》记载，首辅高拱顺应官场形势，“尽夺其田，戍其二子”。由于张居正很快上台，并极力维护徐阶，徐阶才不至于落得跟严嵩一样的下场。

海瑞在江南地区积极推广一条鞭法，一条鞭法是明朝赋役制度的一次重大改革，主要侧重于役法改革，也涉及田赋，实质就是把丁银部分或全部摊于地税之中，按占有田地多寡征收银两。一条鞭法出现于江南地区，是由于江南逃户增多，征收丁银十分困难，豪强隐瞒田产，钱粮拖欠也越来越多，造成官粮不得督办，农民不得安生。宣德时，江南就开始把部分丁银摊入地亩。嘉靖末，海瑞在江西兴国也把均徭“尽以一条鞭法行之”。经过实践检验，海瑞肯定一条鞭法是一项方便百姓完纳赋役的制度。

海瑞在江南各地调查时发现，“江南粮差之重，天下无有，古今无有”，江南百姓受苦最重，所谓江南富饶，“全是虚名，而苦楚特甚。其间可为百姓痛苦，可为百姓长太息者。”有鉴于此，海瑞在江南大力推行一条鞭法，将原来由户或丁负担的均徭、银力二差，改为部分或全部由土地占有者负担，摊丁入地，改实物为征银，实行雇役,使个体小农有相对独立性,使无地农民和小生产者,在封建人身依附关系上得到一定程度的放松。所以时人认为"条鞭利贫不利富"。明朝李贽认为海瑞在任应天巡抚期间,"皆以清丈为急,而力行条鞭一法。……至今小民得保守田业。"但这一制度在当时并没有全面推行,海瑞管辖应天的府州县仍有力差,"府县官不能为百姓作主,各州县尚有力差名目,可恨! 可叹!"一条鞭法直到万历初年张居正执政时,才在全国推行,前后历经百年。

海瑞认为一条鞭法是"良法",所以在应天地区大力推行,对"各州县尚有力差名目"一律加以禁革。海瑞特别重视农业,针对当时"舍本逐末"的社会现象,强调各官必须坚持"惟农为重"的理念。海瑞为此还专门写过《劝农文》,强调"农桑耕织,衣食之源"。海瑞在江南地区推行一条鞭法,冲击了大地主们的利益,但却赢得了人民的欢迎,后来的史书称赞海瑞在江南"行条鞭法",江南人民"遂为永利"。

海瑞因上《治安疏》而被打入诏狱,在近一年的监狱生活中,经历了九死一生的海瑞出狱后,并没有把个人的得失放在心上。他根据自己在监狱生活的所见所闻,对囚犯的苦楚有了切身的体会。所以在担任大理寺寺丞的半年多时间内,他不畏强权办理积案,丝毫不改当年正直的本色。大理寺是明王朝的中央审判机关,与刑部、都察院合称为三法司,是专门负责处理重大案件的衙门。凡遇重大案件,都需由这三个部门会审。海瑞到任之后,仍以刚正不阿、不畏强权的品格开展各项工作。

嘉靖死时，徐阶等人以嘉靖的名义颁布了《遗诏》和《赦免令》，然而如何让朝廷的恩泽降落在每一个臣民身上，尤其是包括那些不在“赦免”之列的“十恶不赦”者的囚犯们身上，这就需要大理寺按照诏令的宗旨进行复核，使那些真正冤枉的人得到赦免。然而，大理寺衙门的官僚们由于积习的惯性，谁也不想在这些事上花太多力气。海瑞认真执行的结果却导致了同事们的不满，海瑞并没有因此止步。他时刻以在监狱的所见所闻来鞭策自己，认清自己的身份和位置，努力做到司法的公正。为此，他向隆庆皇帝上了《乞正赦款疏》，写下了自己对赦免的意见。他说，皇帝刚刚登位，“他务未遑，庶政未举，独先赦臣，复臣爵位”，这对我海瑞来说是万万之大幸，“然天下有罪之人，皆陛下之赤子也”。他请求皇帝允许大理寺对各地监狱里的有罪之人，进行重新调查审讯，对那些可以赦免的人，“何不以赦臣之赦”，赦天下之民，让那些蒙受冤假错案的人得以重生。据海瑞在奏疏中说，嘉靖在位 45 年，总共才大赦三次，后来不理朝政的二十多年中，却一次也没有大赦过，而这一时期正是冤假错案的多发高峰期。所以，新皇帝登基后，“有罪之人所仰望于陛下者，何啻如饥之望食，渴之望饮者乎？”海瑞还利用当时流行的天人感应之说来劝导皇帝大赦，“屡年天雨不调，寒暑不均，皆积狱积怨之所致也”。他再次以自己为例说，“臣罪犯在不赦”，都蒙皇帝厚恩而赦免，何况在监狱中还有被人牵累受冤的人,“独不蒙陛下一视之仁乎?”对于确有罪证而情有可原的犯人,“虽其一时无知而犯罪,犹赤子无知而入井。”主张从宽发落。从这里可以看出,海瑞心里始终装着百姓的疾苦。

海瑞在上隆庆皇帝的奏疏中,还谈了自己在监狱中了解到不少受冤枉犯人的状况,“臣向在狱中,每见狱中称冤者,臣即有冒死上陈之念,而时不可行”,今日我出狱了,所以要把这些情况向你汇报。我只是在京城的一处监狱,就了解了不少冤情,天下还不知道有多少冤情呢!他请求隆庆皇帝对不同地区、不同的罪犯要区别对待,不能以京城的量刑标准来统一全国,要求皇帝下令刑部对一些重大案件重新审理。即使有赦免之诏书,但实际执行的官员却教条而僵化地办理积案,关于这一点下面已经有人反映到了大理寺。海瑞说,有一次,他和刑部尚书一起到监狱会审死罪犯人,经审查,一些死囚被当堂释放,这些人当堂放声大哭,感谢皇帝的洪恩浩荡。海瑞说,之所以有许多积案得不到处理,犯人得不到赦免,是由于各部对朝廷的赦免政策理解不一,因而执行起来的标准也就不统一。他主张皇帝下令“各部预陈条款,逐一开明,使天下之民得以尽宥,大开悔过迁善之门”,就是说要对赦款作明确的解释和细化,通过大赦来教化犯人,让他们心诚悦服地改过从善。这样处理积案,会让天下百姓“仰荷陛下千万世无穷之恩矣”。

海瑞直言敢谏的美名,隆庆皇帝在未即位之前已经耳闻,对海瑞也比较器重。即位之后,屡次提升重用海瑞。所以,当隆庆看到海瑞呈上的奏疏时，十分高兴。他自己也意识到若照海瑞说的去办，使皇恩泽被天下子民，对稳定大明江山也有好处。于是，皇帝立即在海瑞的奏疏上批了“各部议了回报”的字样，转发到各个衙门。各部衙门一见圣旨下来，急忙组织人力查核旧案、冤案，并通令地方官府照旨办理。结果成千上万的囚犯得到了赦免，其中包括一些因说话不当，触犯皇帝而被列为“十恶不赦”的囚犯也获得了自由，可以与父母、妻子团圆。这一情况上报到朝廷，隆庆极为高兴，赞赏海瑞说真话，既为朝廷分忧，又为百姓着想。希望官员都能向海瑞学习，如此则大明江山可以万世平安。海瑞很快就从正六品的尚宝司司丞升为大理寺寺丞，官阶正五品。不久，海瑞又升为南京通政司右通政，正四品官阶，通政司的职责很多，包括奏报四方臣民建言、申诉冤滞或告不法等事，以上达民情。

海瑞罢官闲居在海南期间，仍一如既往地关心国家大事，尤其关心海南地区的民间疾苦。他曾给同僚巡按龚怀川写信表示：“瑞平生有济世之念，而人不与，庚午(1570)告归，展布万分无能及一，此非怨天尤人之念。终己一生，止此还天，不能不自为歉也。”海瑞对自己的济世思想得不到施展，而表示极为遗憾。万历六年(1578)朝廷下令清丈天下田亩，限三年完成。海瑞对琼州府清丈田亩十分关心，他专门写信给分巡琼州道唐敬亭，以自己在淳安、兴国、应天丈田的经验教训，指出清丈中应注意事项，并草拟一份《拟丈田则例》的书面文件，绘制图样，分别说明执行的条款办法。可见海瑞办事的一丝不苟。

根据海瑞制定的《拟丈田则例》内容，可以看出海瑞对海南地区的农业社会是相当了解的。他要求官府配备参加丈田的人员，必须是“家道殷实，素信服于人之人”。为了防止在清丈中有欺骗行为，所有丈田人员中的公正、书算、弓手等配备要由多人组成。同时，建议官府在丈量田地时，要全府统一行动，参加人员必须签字画押，如若作弊，“各当其罪”。海瑞还建议对海南不同的地形以及田地上的树木等如何丈量、计算，均提出了自己的意见，甚至连清丈书写的格式也设计好了。与此同时，海瑞还要求各地县官必须亲临清丈田地第一线，“田必覆丈，县官盖无一日不在田地之间也”。但是又要求他们不要带着太多的胥吏随行，从而产生扰民现象。为了防止实际办事人员在清丈中作弊，县官必须每天都要检查各种清丈报表，做到县官“虽不亲书亲算”，但必须能“亲自监督”，从而保证清丈的公正性。通过清丈田地，重新认定赋役，以减轻人民负担，因为通过丈量田地，可真正实行“无虚粮虚差”的现状。海瑞还针对当时社会上流传“丈田如遭一大兵火”的说法，表示了自己的看法，认为一是书生不懂丈量之法，且朝更夕改，所以扰民；二是一些人借丈量之名来捞取不义钱财。所以在清丈之前，要有一定之法，然后依法而行。

海瑞制定的《拟丈田则例》，得到了唐敬亭的认可，要求海南各县随后按照海瑞的“则例”开展清丈田亩活动，效果也明显不错。海瑞对清丈土地有成绩的地方官员大加赞赏，曾先后撰写《赠陈侯丈亩成功序》和《赠陈大尹得奖劝序》二文给临高知县陈振源。临高县于万历八年(1580)开始丈田，万历十一年(1583)完成。陈振源在临高实行丈田的三年之中，始终以“公廉勤慎”自勉，“冰蘖之守，三年一日”，事事亲力亲为，“民无财费，生业不扰”，赢得老百姓的爱戴，“一县之人得有千百年均平之美，有其田方有其粮，举赖于侯，刻骨之感”。称赞陈振源丈量田地的态度是“视国如家，民若子”，所以成绩斐然。又如罗近云在文昌和定安丈量田地也受到官府和百姓好评，并因此晋升钦州太守，海瑞撰写《赠罗近云代丈定安田序》，对此表示祝贺和肯定。海瑞以在野之身时刻关心家乡的建设，也反映出他对国事的关心。

海瑞在家乡闲居期间，还多次写信给其他同僚官吏，详细陈说地方政令之得失，希望他们能真正为百姓办好事。如他曾经两次写信给浙江布政司参政史际，告知自己曾在淳安知县任内了解的民情和施政情况，供他在施政过程中参考。隆庆六年(1572)倭寇劫掠海南沿海的临高、定安、万州、文昌、乐会等州县，“来来往往，杀掠村市，如入无人之境……从前以来无有也”。海瑞既对百姓遭受的苦难表示痛心，也对军队的不作为表示非常愤怒，专门给负责两广军事的官员殷石汀写信，指出倭寇数十年来在海南沿海地区劫掠，“日甚一日，年甚一年”，百姓每天都生活在水深火热之中，“惴恐日夕”。直言不讳批评军政当局，“平时养兵，迄与不养之时无异”,认为正是官员的“纵寇骄兵”,才导致地方屡屡受害。他认为不仅要提高军队战斗力,剿灭倭寇,而且还要充分发动群众,“家自为守,人自为战”,从而才能有效地防御倭寇的侵犯。海瑞还对广东寇乱不止,提出了自己的看法,认为这是由于官吏的腐败所造成,“广寇大都起于民穷”,民穷的原因可能很多,但“大抵官不得其人为第一之害”,就是说地方官没有为百姓造福谋利,而是一味与流俗同流合污。海瑞感慨地说:“今人居官,且莫说大有手段,为百姓兴其利、除其弊。只是不染一分一文,禁左右人不得为害,便出时套中高人者矣。”把对官吏的要求已经降低到了不求做好事,只要不做坏事,不贪污,也就是好官了。海瑞以一个在野乡宦的身份再次为民请命,也再次凸显了其刚强正直、一心为民的道德品质。

嘉靖、隆庆年间,海瑞目睹了朝廷内部阁臣倾轧,给社会带来的不稳定,也制造了官场的更加黑暗腐败,徐阶推倒严嵩,高拱又推倒徐阶,李春芳被高拱击败,高拱又被张居正轰跑。一个首辅倒台了,往往会牵连一批官员被贬谪,内阁之中爱恶交攻,吐唾辱骂,朝政为之混乱。官衙无视法令,政多纷更,事无统纪,主钱谷的不明出纳,司刑名的不悉法律,管监察的不行纠劾。人们私下纷纷议论:“嘉隆以来,纪纲颓坠,法度凌夷。”统治集团内部的腐败、混乱和失控甚至已远比宋代还要严峻。海瑞在闲居期间,冷静地对这一时期官场腐败进行检讨,他在《赠喻邃川奖劝序》中说:自己“自出仕至今,往返所到”之地,老百姓对官员的评价都不好,甚至将官吏比作盗寇之辈,这一情况“琼为甚”。而在《赠喻邃川得抚按奖劝序》中,海瑞再次指出作为府州县民的父母官们,“模不模,范不范”,以致海南民众“破家亡身,莫得伸吁”。再次显示海瑞对官场黑暗的痛心,对家乡黎民百姓的热爱之情。当然,海瑞也没有忘记那些为海南社会发展作出贡献的官员,专门撰文为他们歌功颂德,如在《赠大尹吴秋塘政序》中,记载了江西浮梁人吴秋塘在任万州州判期间,“勤事厉精,胥吏无能为弊,行乡约,辨争讼,百凡有为,民则便之,利无不兴,弊无不革。”可见,海瑞对一心为民之官员的由衷钦佩。

海瑞一生为官多处,最后高居二品官的职位,但时刻以民生为重,对自己及其家庭生活一直很刻薄。

海瑞无论对工作还是对生活,从来都是以身作则,为下属做表率模范。在淳安知县任上,海瑞明白作为一方县令,自己的所作所为,都会在社会上产生影响,而在官场陋习成风的情况下,只有率先垂范,才能起到“榜样的力量”,若要施行自己制定的条例,只有自己先严格要求自己。而严格要求自己不仅仅在官场上,即便在生活中,也必须一如既往。以节俭而言,他反复申明居官者“止此柴马,止此俸钱,出此之外,一文一分赃证也”,强调“柴马俸禄外,毫发属民”。在平时工作中,除了正常的收入外,他从不收受一分例外的东西,“俸薪外,丝毫不侵”。海瑞自己的衣食也多是让手下仆人通过劳动而获取,“布袍脱粟,令老仆艺蔬自给”,海瑞平时穿着布衣,所吃的粗粮也是由老仆在官衙前的一块空地上种麦、种菜自给,仆人还必须亲自上山樵采砍柴,鼓励身边的其他工作人员利用工作之余,亲自耕种或经商,帮补生活,“吏书无事,亦听其从农从商”。强调的就是自食其力,不扰民众。他曾张贴《禁馈送告示》,严禁县衙的官吏收取老百姓赠送的土特产,否则要加以惩罚,同时也严禁百姓送礼给县衙,“今后凡有送薪送菜入县门者,以财嘱论罪”。

海瑞在淳安县任知县期间,最能反映其节俭的事例,就是为自己母亲过 70 岁大寿时,他靠平时节省的薪水,破天荒地从菜市场买了两斤肉,算是一个孝子对养育自己的母亲的最大报答。以今天的眼光来看,不要说是一县之令,即便是平民百姓,遇到自己母亲 70 岁的生日,也会东拼西凑摆酒设宴,热热闹闹为老人家祝寿,毕竟有“人生七十古来稀”的古话,何况是为自己年迈的亲生母亲呢?因为海瑞平时很少买肉,大概也很少吃肉,所以这件事一下子就成为淳安县的特大新闻,老百姓争相传颂,大家交口称赞海瑞是真正的“清官”。海瑞买肉给母亲祝寿的事,很快也传到了杭州城,连总督胡宗宪也知道了这件事,他对人说:“昨闻海令为母寿,市肉二斤矣。”省城上下的大大小小官员都把这件事当作茶余饭后的谈资到处张扬,显示了海瑞与众官不同的一面,但是也反映了当时官场的腐败一面。海瑞公开声明如果自己不为公、不为民而滥支滥用政府仓库里的钱粮,各级官吏一旦发现可以鸣鼓攻之,自己决不自赦。他本着务实节俭的精神,即使对自己的办公场所以及办公用品,也从不铺张浪费,对这些物品的修理,他也亲自“加意考查”,以免浪费,而增加百姓的经济负担。

其实,即使海瑞后来做了大官,还是根本没有积蓄,海瑞罢官回家后,用以前工作期间积攒下来的 120 两银子购买了几间房子,靠着祖传的田地为生,从来没有为自己谋取任何私利。海瑞除祖田十余亩之外,自己没有添置过半亩田产,有人假冒海瑞的名义在琼州府一带放债买田,海瑞当时在外地任职,听到风声,便写信给琼州府知府史方斋:“生自入仕,至今未南归,俸金所入,仅仅足用,余无分文可债可货,田业止祖遗粮一石二斗,外未增一亩一升,有以二事呼瑞进状者,皆作伪也。乞台下一查治之,勿少假贷。上碧崖,下县属,并乞转此相谕。”请求史方斋严加彻查。海瑞卸任应天巡抚回琼山不久,母亲谢氏去世,他连安葬母亲的费用都不够,好在有广东按察司副使陈复升送了一笔厚的礼金给海瑞,海瑞用来给母亲购买了一块坟地,以后再也没有买过什么田产。从张居正派去海南察看海瑞的巡按御史的汇报可以看出,海瑞在家乡的生活是穷困潦倒的,住房破败不堪。

万历三年(1575)海瑞母亲谢氏以 87 岁的高龄在家乡去世,海瑞伤心至极,“哀苦昏迷”。但是作为孝子的海瑞居然穷得没有钱安葬母亲。广东按察司兵备副使陈复升给海瑞捐助一些钱财,海瑞为其母买了块墓地，按古礼安葬了母亲，也按照礼俗为母亲服丧。海瑞为官时期的清廉于此也可见一斑。在此之前，海瑞的夫人和儿子均相继离开人世，在原籍闲居对海瑞来说是一种痛苦的寂寞。如果有一个美好的家庭生活，也许能排遣寂寞。然而，海瑞没有能得到任何家人的安慰，唯一的母亲也离他而去。按照传统观念，不孝有三，无后为大，这可能使得海瑞更加寂寞孤独。在随后的时间内，海瑞以一个花甲老人仍带领家仆自己动手解决日常生活问题，生活保持一贯的俭朴作风。

海瑞一生为官多处，最后高居二品官的职位，但生活一直非常简朴，他从不多拿多占国家一丝一毫，临死前三天，兵部送来的薪俸银子中，故意给他多算了七钱，海瑞发觉后，立即让人将多余的钱退给了兵部。临终时，有两个妾四个仆人在海瑞身边侍奉，但他们多是“愚弱不能任事”。万历十五年(1587)农历十月十四日，海瑞在南京都察院右都御史任上逝世，享年75岁。海瑞身后十分凄凉，儿子早逝，海瑞逝世后的丧事全由同僚为之操办，时佥都御史王用汲清点海瑞遗物时，发现其全部家产仅有俸银十多两，还有数件破旧的袍子，床上用品也都是用粗制的葛布缝制的床单和破烂的蚊帐，清苦得连当时一般的穷书生都比不上，“有寒士所不堪者，因泣下”。王用汲看了海瑞的遗物后也不禁失声痛哭，他只好和同事商量凑钱支付了丧葬费用，“率诸御史捐金治具”。

海瑞为官几十年，生前俭朴到一般人难以置信的地步，堪称明朝第一节俭人，穷得死后连丧事都无钱办理，与当时家财万贯的大小官吏们形成了鲜明的对比。时苏州士人朱良有幸亲眼目睹了海瑞遗物以及士大夫凑钱为海瑞买棺的情景，唯恐后人不信有此等事，含泪写下了《吊海瑞诗》曰："披鳞直夺比干心，苦节还同孤竹清。……萧条棺外无余物，冷落灵前有菜根。说与旁人浑不信，山人亲眼泪如倾。"万历皇帝得知海瑞逝世的消息，"特颁祭葬"，并派海瑞同乡、新科进士许子伟为钦差大臣到南京护送海瑞灵柩回海南安葬，修建海瑞墓的银两由国家财政支付。

海瑞的家庭生活虽然很寂寞，他的社会活动却是比较多的，因为他做过应天巡抚，又是声震天下的名人，因此常常被官宦和士绅当作写应酬文章的理想人选。对在琼州府的官员、乡绅们来说，海瑞是一位以正直清廉闻名遐迩的大名人，与其交往或许可以抬高自己的身价，所以他们不断向海瑞索取"赠序"，既可以通过名人为自己歌功颂德，又可以保留海瑞的手迹墨宝。就海瑞自己来说，因为游宦多年，毫无积蓄，家中田产又少，便以写应酬文章的收入，补生活之不足。在这一时期，他曾分别接受琼州府官员、书生和乡绅们的请托，写了很多应酬性的文章，包括序跋、赠序、赞颂、哀祭、墓志等类，如《赠史方斋升浙藩大参序》、《寿南瀛吴公八十一序》、《寿顾母何氏八十三序》、《赠李太守母七十寿序》、《贺屈元礼生子序》、《寿王尧山六十一序》、《赠丁敬宇父封君寿诞序》和《郭封君寿卷序》等不下几十篇，《海瑞集》收录了相当多的"赠序"。

海瑞在家居期间所做的另一件有意义的工作是编订了自己的文集。在此以前,他只是在嘉靖年间编了《淳安政事》与《淳安稿》,此外还有些零星的小册子,如任南平教谕时的《教约》、任兴国知县时的《治兴遗文》,任应天巡抚时的《督抚条约》等。万历九年(1581)海瑞自费出版《续备忘集》二卷,主要内容为其任兴国知县以来的奏疏、书信、文稿等。这是对海瑞在隆庆二年(1568)自编刻印《备忘集》二卷的续编。这两部海瑞自编自刻的文集,汇集了海瑞70岁以前的主要作品。海瑞不是一个以文学出名的文学家,他的大部分作品能流传至今,应当归功于他自己的搜集、编辑和刻印。海瑞还在自己简陋的家里,"接引后学",以亲身经历教育指导这些晚辈,以家里正堂上挂着的"忠孝"两个大字,告诫后学们"须立此大根本"。海瑞是忠臣,又是孝子,一生立身处世均是以此为根本。

海瑞从41岁开始出任福建南平县学教谕,经过三十多年的官场历练,终于在七十多岁的时候,跻身于正二品的南京都察院右都御史,直至75岁病逝于任上。明太祖朱元璋定都南京,但到其子明成祖永乐皇帝时,却将首都迁往北京,即以北京为京师,"六部政悉移而北"。留在南京的对应衙门则在名称前加"南京"二字。只不过北京的六部在行文时直接称某部,而南京的衙门则要称"南京某部"。南北两京六部衙门官员的官位几乎完全平等,故南京又叫"留都"或"陪都"。虽然远离权力中枢,但却完整保留着一整套中央机构,包括六部、六科、都察院、大理寺、国子监等,各机构职权无法与北京相应机构等同,明显属于清闲职位。朝廷往往将一些社会名声大,而与朝官又不怎么友好相处的官员,打发到南京任职,海瑞就是一个典型的案例。海瑞为官清正,刚正不阿,但被官场多数人视为不近人情。尽管万历皇帝很器重他,并多次打算起用海瑞,但内阁官员还是把他安置在南京,历任南京右佥都御史、南京吏部右侍郎直到正二品的南京右都御史,备受尊崇却无实权,除了享受待遇外,几乎没有什么职权。而海瑞又不是追求享受的官员,他需要的是实实在在为朝廷和民众干实事。

结　语

万历十五年(1587)初冬十月十四日,海瑞在南京都察院右都御史任上逝世,享年75岁。南京各级官绅听到海瑞逝世的噩耗,纷纷前往灵堂瞻仰海瑞遗容,向这位一身正气、两袖清风的官员作最后诀别。远在北京的万历皇帝也颇伤感,"缀朝悼伤",还专门派礼部左侍郎沈鲤带着谕旨到南京追悼海瑞,"特颁祭葬"。万历在制诰中评价海瑞一生功业时说:"训士以身,卓有严师之范;保民如子,居然良吏之风。虽强项不能谐时,而直心终以遇合。……慷慨片言,世争传其谏草;崎岖百死,天亦鉴其精忠。"高度赞扬海瑞对王朝和人民的忠诚,但"强项不能谐时"则有贬斥之意,这是王朝官方对海瑞的盖棺定论。

根据史书记载,海瑞出殡当日,南京城内外出现了一幕前所未有的场景,商贾小贩停业歇市,城外农民也放弃农活,自发等待为海瑞送行。正午时分,海瑞灵柩从南京都察院起行,大街两旁家家户户门前都摆放着饭菜,点香烧纸,人们跪祭诀别海瑞。当海瑞的灵柩送到长江江面上时，方圆数十里的老百姓早已穿戴着白衣白帽的孝服等候在长江两岸，浩浩荡荡长达百里，哭声震天动地。海瑞的棺椁每经过一地，当地百姓都会竞相出来护送祭奠。很多老百姓还在家里挂着海瑞像，早晚酹酒致祭，可见，百姓对海瑞拥戴之情的情真意切。人民，只有人民，才能公正地评价一个人。

海瑞作为明代中后期著名的廉吏，在贪官污吏横行的官场上，他严格执法、刚正不阿、廉洁自律，不徇私情、勤政爱民，打击豪强地主，敢于舍身求法、敢于为民请命的品德，直到今天对我们都有重要的借鉴价值。海瑞已经融进了中国人民的历史记忆中，成为中华民族宝贵的精神财富。海瑞始终以国家安危和百姓冷暖为念，诚如他自己在《张事轩先生漫稿序》和《贺李东城荣奖序》中一再表达的那样，做官之道必须时刻牢记“清、慎、勤”的准则，同时要有“死一人，生千万人”的信念。他在任何时候都不卑不亢，决不阿谀奉迎任何高官，相反，他针砭时弊却从不看对方官阶之大小，即使是至高无上的皇帝，他也敢以死诤谏，充分体现了一种刚直不阿、以身殉道的精神。

海瑞死后，人们对他好评如潮，称海瑞是“一代伟人”、“当朝伟人，万世瞻仰”、“古今一真男子”、“真是铮铮一汉子”。明清时代的李贽、陈瑸、张伯行等都给海瑞写传记、作行状，刊刻海瑞文集，并撰序跋。明代王世贞用“不怕死，不爱钱，不立党”，高度概括海瑞一生的经世为人。然而，对海瑞的处世为人，也有不同的声音出现,《明史》说海瑞一生“意主于利民,而行事不能无偏”,即海瑞一心一意为了老百姓的利益,但做事却有些偏激。

著名明史专家吴晗先生曾高度评价海瑞精神,至今读来仍有十分重要的现实意义:“我们肯定、歌颂他一生反对坏人坏事;肯定、歌颂他一生反对贪污,反对奢侈浪费,反对乡愿;我们肯定、歌颂他一生处处事事为百姓设想,为民谋利;我们肯定、歌颂他一生不向困难低头,百折不挠的斗争精神;我们肯定、歌颂他一生言行一致,里外如一的实践精神。这些品质,都是我们今天所需要学习和提倡的。”海瑞生活在明中叶以后社会道德日益沦落、风气渐趋败坏的时代,却能出污泥而不染,以其高风亮节、志洁行清,屹立于天地间,立下了光照日月的丰碑。海瑞为官之道,对当下公务员处世为人、服务大众具有重要的借鉴价值。人尽师海公,天下何事不可为！天下何事不能为!

参考文献

1. 陈义钟编校:《海瑞集》,中华书局 1962 年版。

2. 张德信:《明史海瑞传校注》,陕西人民出版社 1984 年版。

3. (明)李春芳编:《海刚峰先生居官公案》,上海古籍出版社 1985 年版。

4. (清)张廷玉等:《明史》,中华书局 1977 年版。

5. (美)黄仁宇:《万历十五年》,中华书局 1982 年版。

6. 李锦全:《海瑞评传》,南京大学出版社 1994 年版。

7. 王培公:《海瑞》,中国青年出版社 2001 年版。

8. 范稳:《清官海瑞》,海峡文艺出版社 1999 年版。

9. 刘秋云:《海瑞的故事》,汕头大学出版社 1998 年版。

10. 张德信:《海瑞》,陕西人民出版社 1981 年版。

11. 蒋星煜:《海瑞》,上海人民出版社 1959 年版。

12. 吴晗:《海瑞罢官》,北京出版社 1979 年版。

13. 傅衣凌主编:《明史新编》,人民出版社 1993 年版。

14. 林乾:《嘉靖帝隆庆帝》,吉林文史出版社 2004 年版。

15. 方才主编:《千岛湖民间故事精选》,淳安县政协文史调研室 2001 年版。

16. 刘正刚:《刚正不屈的清官:海瑞》,广东人民出版社 2006 年版。

17. 刘正刚:《海瑞在淳安》,中国文史出版社 2008 年版。

18. 阎根齐、陈涛:《粤东正气:海瑞》,海南出版社 2008 年版。

后　　记

我自1987年进入中山大学攻读明清史研究生，至今生活在海瑞故乡广东近30年。2005年，我第一次开始阅读与海瑞相关的历史文献和学人论著，时中共广东省委宣传部根据建设文化大省的需要，策划出版《广东历史文化名人丛书》，海瑞自然名列其中。我因专业缘故而被丛书编委会举荐为《刚直不屈的清官：海瑞》的撰写者。在撰写书稿期间，海瑞的言行举措，时时冲击着我的灵魂，我的内心受到海瑞人生观和价值观的强烈震撼。海瑞的品格也在无形中潜移默化地影响着我的为人处世。

2007年浙江千岛湖因进一步挖掘与开发当地人文旅游文化资源之需，他们约我撰写《海瑞在淳安》一书。千岛湖是海瑞首任知县——淳安县的地盘，也是海瑞在基层工作最久的地方，我义不容辞地接受了任务。我带着研究生几乎跑遍了淳安县与海瑞有关的地方，聆听着村民们至今还在传颂的海瑞故事，体验着草根社会对清官的历史与集体记忆，再一次深切地感受到中国乡土社会对清官文化的追求。

这本书的问世，是人民出版社赵圣涛博士多次鼓励我的结果。我与圣涛博士结识于我在北京参加教育部的某次培训会上，圣涛博士知道我研究过海瑞，遂鼓励我重新研究与撰写海瑞。直到去年底，随着我国惩贪治腐力度的强化，我的潜意识中再次闪现了海瑞廉洁奉公形象，经与圣涛博士多次讨论，决定以海瑞在不同级别官职任上的清廉、正直、为民等言行为主，集中描述海瑞的清官形象，以期能为当下各级官员在工作与生活中提供一点历史借鉴与参考价值。所以本书与当下动辄数十万以上的巨著相比，实在是非常单薄的小册子。

海瑞 40 多岁才走上今天所说的公务员行列，他一步一个脚印，从一个不入流的职位开始，通过自己的实际业绩而晋升到二品官员的队伍中，凭的就是自觉对国家和人民的责任感与担当感。也正因如此，他当年工作和生活过的地方，至今仍传颂着他的感人事迹，人们为此还设专祠供奉他。这就告诉我们，为官一方造福百姓，须尽心尽力干实事，只有这样，才会得到人民的永远纪念！

我生来愚笨，好不容易考上大学，又只能选读绝大多数人都不愿意读的历史专业。加上我青少年时代在乡村渡过，性格较为呆板。因此，原本设想用一种轻松、活泼的语言来书写海瑞，但结果还是落入中规中矩的俗套中。这一点，恳请读者给予谅解！

在本书出版之际，我要特别感谢赵圣涛博士，他对我的信任与关爱，是我完成这一拙著的最大动力。本书的取名，也是圣涛博士的构思。书中错误和不当之处，由我负责！

刘正刚

2015年9月10日教师节

于暨南大学古籍所306室

责任编辑:赵圣涛
封面设计:肖　辉
责任校对:吕　飞

图书在版编目(CIP)数据

清官正气:海瑞的为官之道/刘正刚 著.
-北京:人民出版社,2015.10
ISBN 978-7-01-015222-6

Ⅰ.①清… Ⅱ.①刘… Ⅲ.①海瑞(1514~1587)-政治-谋略-研究 Ⅳ.①D691

中国版本图书馆 CIP 数据核字(2015)第 211196 号

清官正气
QINGGUAN ZHENGQI
——海瑞的为官之道

刘正刚　著

人民出版社 出版发行
(100706　北京市东城区隆福寺街 99 号)

环球印刷(北京)有限公司印刷　新华书店经销

2015 年 10 月第 1 版　2015 年 10 月北京第 1 次印刷
开本:880 毫米×1230 毫米 1/32　印张:8.5
字数:180 千字　印数:0,001-5,000 册

ISBN 978-7-01-015222-6　定价:30.00 元

邮购地址 100706　北京市东城区隆福寺街 99 号
人民东方图书销售中心　电话 (010)65250042　65289539